최고의 회사를 만드는 피플 매니지먼트

인 앤 스테이

최고의 회사를 만드는 피플 매니지먼트

인 앤 스테이

펴낸날	초판 1쇄 2023년 6월 23일
지은이	이인규 · 김용은 · 최대영 · 양진미
펴낸이	강진수
편 집	김은숙, 최아현
내지 디자인	임수현
표지 디자인	Stellalala_d
인 쇄	(주)사피엔스컬처
펴낸곳	(주)북스고 **출판등록** 제2017-000136호 2017년 11월 23일
주 소	서울시 중구 서소문로 116 유원빌딩 1511호
전 화	(02) 6403-0042 **팩 스** (02) 6499-1053

ⓒ 이인규 · 김용은 · 최대영 · 양진미 2023

ISBN   979-11-6760-049-3   03320

책 출간을 원하시는 분은 이메일 booksgo@naver.com로 간단한 개요와 취지, 연락처 등을 보내주세요.
Booksgo는 건강하고 행복한 삶을 위한 가치 있는 콘텐츠를 만듭니다.

최고의 회사를 만드는 피플 매니지먼트

인 앤 스테이

이인규 · 김용은 · 최대영 · 양진미 지음

Booksgo

회사의 성과를 만드는
채용과 조직문화

회사 생활을 하는 이들 중 마음속에 사직서 한 장을 품고 업무에 임하는 이들을 심심치 않게 볼 수 있다. 사실 이는 조직을 경험하셨던 이전 세대들부터 있던 일이다. 예전 드라마만 보더라도 가슴속에 사직서를 담아 둔 채 자녀 얼굴을 생각하며 버티는 가장들의 모습을 심심치 않게 볼 수 있었다. 언제 퇴사해도 이상하지 않을 마음가짐으로 회사 생활을 하는 직장인의 모습은 최근 '조용한 사직'이란 워딩으로 대변되기도 한다. 그런데 이런 마인드가 마음속에 새겨진 채 일하는 직원들이 모인 회사의 효율성은 어떨까? 이 조직의 구성원들이 하는 업무에 대한 몰입도는 낮을 것이고 업무 생산성 또한 떨어질 수밖에 없으며 결국 조직의 손실로 이어지는 것은 당연하다.

즉, 각 회사의 관리자들은 원활한 조직 운영과 회사의 성과 증대를 위해 조직 내 직원들의 마음속에 지닌 사직서를 없애기 위한 노력은 필수가 되어 버렸다.

그래서 조직 차원에서 조직의 악인 '조용한 사직'과 같은 업무 몰입을 떨어뜨리는 요인들을 제거하며 회사의 성과를 높일 수 있는 솔루션들을 이 책에 담아 보고자 했다. 성과급, 인센티브, 연봉과 같은 외재적 보상을 우선 검토해 보았다. 하지만 모든 직원에게 외재적 보상을 안겨주기에는 조직 내 물질적 자원은 한정되어 있기에 적합하지 않다고 판단하였다. 또 일부에게만 보상해주기에는 '블라인드'나 '잡플래닛' 같이 SNS 소통 공간이 활성화되고 투명해진 세상 속에서 HR과 연관된 보안상의 이슈도 걸릴 수밖에 없었다. 조직 속 물질적 혜택을 받지 못한 누군가는 상대적 박탈감을 느낄 것이고 이는 또 다른 갈등을 초래하게 된다. 즉, 연봉, 인센티브와 같은 외재적 보상은 직원들이 회사에 대한 애정을 높이거나 업무에 대한 생산성을 높이는데 명쾌한 답이 될 수 없는 것은 분명하였다.

여러 고민 끝에 직원들의 몰입도 향상과 조직의 성과 향상을 위한 시발점으로 채용을 첫 번째 솔루션으로 찾았다. 경영 서적에 늘 등장하는 GE의 전 회장 잭 웰치 또한 "전략보다 사람이 우선이다 (People First, Strategy Second)"라고 하지 않았던가? 실제로 조직이 합병하며 PMI 작업을 하게 되면 가장 먼저 해야 할 것 중 하나는 바로 핵심 인재(S-Player)와 저성과자(C-Player)를 구분하는 것이다.(발라낸다는 표현이 독자분들은 더 와 닿으실 것 같다) S급과 C급 인재를 구분하는데 전제는 좋은 인재를 채용하는 것을 바탕으로 한다. 좋은 인재란 우리 조직에 적합한 적재적소의 인재를 의미하는데 최소의 C급 인재와 최대의 S급 인재를 회사 내부에서 배출하기 위해서는 결국 얼마나 좋은 인재를 채용했느냐에서 기인되는 것이다. 좋은 인재를 뽑기 위해서는 우리 회사에 필요한 이상형(인재상)을 정의해야 한다. 또 면접자가 좋은 사람인지를 판단하기 위해 면접관들은 적합한 질문을 할 수 있는 역량이 필요하다. 또 좋은 인재들을 우리 회사에 모셔 오기 위해서는 회사의 채용 브랜딩을 끌어 올리고자 하는 활동이 필요하며 채용한 인재들이 회사에 잘 정착(Soft-Landing)할 수 있도록 회사와 구성원 차원에서 힘써야 한다. 이와 같은 내용들을 이 책에 담아내 누구나 한 번만 읽어도 조직에 바로 대입할 수 있는, 어쩌면 너무나 당연한 사례들을 채용 파트에 명쾌하게 담았다.

또한 조직의 몰입도를 증대시킬 수 있는 두 번째 솔루션으로 조직문화를 뽑았다. 직원들이 마음속에 늘 품고 있을 만한 사직서 한 장을 내려놓게 하기 위한 조직문화 차원의 활동들을 소개하고자 하였다. 특히 조직문화는 글이나 문장으로만 존재하는 것이 아니라는 것을 보여주고자 노력했다. 회사 구성원들 사이에서 살아 숨을 쉬는 조직문화야말로 생명력을 얻어 작동하게 되는 것이다. 올바른 조직문화는 어떤 방향으로 우리 조직과 구성원들이 움직여야 하는지를 알려 준다. 보다 효율적으로 조직이 성장할 수 있도록 돕고 구성원들이 일터에서 행복하게 일할 수 있도록 만들어 줄 수도 있다. 같은 방향성을 가지고 조직에서 올바른 조직문화가 (기업 규모에 관계없이) 형성하여 직원들의 이직에 대한 의도를 감소시킬 수 있는 사례들을 쉽고 바로 적용할 수 있는 내용 위주로 풀어보았다.

이 책에서는 저자들이 각각의 목차를 세분화하고 내용을 분류하면서 나름대로 목표를 가져갔다. 저자들과 유사한 업무를 수행하거나 비슷한 프로세스를 고민하는 사람들에게 적어도 여기저기 흩어져 있는 정보를 하나로 정리하여 이해도를 높이는 것을 돕고자 노력하였다. 실제 업무를 수행하는 단계를 머릿속으로 그리고 어떤 과정을 통해 결과물을 도출했는지 하나씩 정리하고 글로 옮겨보았다. 독자들께서는 해당 책에 사례가 많은 만큼 우리가 속한 조직과 본인의 상황에 적용하고 활용할 수 있는지를 비교해 가며 들여다보아 주셨으면 한다. 다양한 조직 사례들을 구체적으로 전달하되 쉽게 활용하실 수 있도록 노력을 기울였다. 이에 세밀함을 더하려는 노력의 하나로 스타트업과 대기업의 사례를 비교할 수 있도록 구분하여 실었다. 기본적인 내용들을 습득하면서 본인의 조직에서는 어떤 식으로 변형하여 적용할 수 있는지 다양한 액션들을 동시에 수립해 보기를 권장한다.

이인규, 김용은, 최대영, 양진미

추천사

2023년을 기점으로 우리 조직과 나의 일에 새로운 변화가 예상된다. MZ세대가 우리 조직의 절반 이상을 차지하게 되고, 인공지능과 함께 일하며, 엔데믹으로 새로운 조직문화를 창조해야 하는 시점이다. 이와 같은 상황에서 HR 담당자들은 시스템적 접근으로 조직을 살펴봐야 한다. 이때 첫 단추가 채용이다. 이 책은 채용에 있어서 스타트업과 큰 기업의 채용 노하우를 공유하고 있다. 이 노하우는 일을 잘할 수 있는 인재를 뽑는 것에 머물지 않고 조직에서 지속적으로 성장할 수 있는 인재 채용의 길을 보여 주고 있다.

코로나를 겪으면서 우리의 사고 체계와 일하는 방식 그리고 사람과의 관계 증진 방법에 많은 변화가 있었다. 코로나 이전의 조직문화로는 새로운 환경에 대응하기 어렵게 되었다. 결국 조직문화는 새롭게 변화 또는 창출되어야 할 시점이다. 이 책은 저자들의 이런 고민들을 담아 그들의 경험을 공유하여 우리에게 값진 인사이트를 주고 있다.

_ 고려대학교 교육학과 및 교육대학원 기업교육 전공
주임교수 HRD 정책 연구소장 조대연

인사는 만사다. 회사 경영의 본질도 결국 사람이다. 그런데 회사에는 수많은 사람이 서로 다른 이해관계를 가지고 소통하며 각자 다른 업무를 같은 목표로 어우러져 수행한다. 게다가 살아온 환경과 전공 그리고 연령이 각양각색이기 때문에 이들이 함께 일하는 과정에 많은 충돌과 오해가 발생하는 것은 당연하다. 게다가 세대 간 갈등과 직업관에 대한 변화로 인해 사람경영이 더욱 어려워진 것이 사실이다. 특히 코로나 시대를 맞이한 이후 '조용한 사직(Quiet quitting)'이 세계적으로 큰 화제가 되고 있다.

조용한 사직은 MZ세대의 직장에 대한 인식 변화를 해석하는 키워드로 사용되기도 한다. 기성세대의 평생직장, 회사에 충성심과 달리 자신이 맡은 최소한의 업무만 처리하고 일과 삶의 균형을 중시하는 MZ세대의 경향이 조용한 사직이라는 트렌드를 만들어낸 것이다. 워라밸 그리고 직장에서의 행복도 중요하지만, 자칫 일에 대한 방만한 태도나 무책임, 더 나은 성과를 향한 열정이 사그라지는 것은 기업의 경쟁력을 떨어뜨리기 마련이다. 기업은 이런 시대 분위기 속에 어떻게 구성원들의 행복과 회사의 성과라는 두 마리 토끼를 모두 잡을 수 있을까?

이 같은 문제의식 속에 스타트업과 대기업의 채용과 조직문화를 어떻게 개선해 갈 수 있을지 현장에서 다양한 경험을 가진 4명의 현직 인사담당자들의 실질적인 솔루션을 제시했다. HR 실무자와 경영진, 부서를 이끄는 리더라면 만사인 인사를 어떻게 고민하고 해결해야 할지에 대한 구체적인 제언을 들어볼 수 있을 것이다.

_ SK경영경제연구소 김지현 부사장

기업의 성장을 이끌고 성과를 만드는 것은 바로 사람, '인재'이다. 기업의 HR 담당자는 어떻게 하면 우리 기업의 인재상에 맞는 우수한 인재를 '모셔 올 수 있는지', 그리고 이런 인재들이 마음껏 능력을 발휘할 수 있는 조직문화는 어떻게 만들 수 있을 것인가에 대해 늘 고민한다.

우리 회사와 맞지 않는 사람을 채용하게 되면 아무리 좋은 교육을 제공한다고 해도 기업은 그만큼의 기회비용을 상실할 수밖에 없다. 그리고 잘못 채용된 한 사람으로 인해 조직 분위기와 문화는 되돌릴 수 없는 상태에 이를 수도 있다.

이 책은 기업의 HR 담당자가 항상 고민하는 인재 채용과 창의적인 조직문화 구축에 대해 HR 실무자로서 현장에서 직접 경험했던 이야기와 다양한 기업의 사례를 제시하고 있다. 이들의 이야기가 늘 현장에서 고민하는 HR 담당자에게 좋은 인사이트가 될 것이라 생각한다.

_ 중소벤처기업연수원 지근영 원장

HR 담당자의 오랜 직무 경험과 지식을 기반으로 우리 회사에 적확한 채용구조와 선발 평가, 변화 관리 측면의 조직문화를 스토리텔링 형식으로 이해하기 쉽게 정리한 책이다. 스타트업(비구조화 기업)과 대기업(구조화 기업) 인사팀 모두 '채용과 조직문화'를 이해하고 직무에 적용하는 데 도움이 된다.

_ 헬스케어 커리어테크, 주식회사 베어런
Founder & CEO 김성규

contents

프롤로그 회사의 성과를 만드는 채용과 조직문화 · 004

추천사 · 008

PART 01 채용의 5-Box

Design 채용 전형의 설계가 가짜 지원자를 거른다 · 016

Job-Posting 퇴사를 방지하는 채용 준비와 적용 · 025

Training 사고 치는 것도 면접관 끌어들이는 것도 면접관 · 034

Lock-In 채용된 인원을 회사에 Lock-In 하는 방법은 이것 · 045

Branding 지원자가 없다면 채용 브랜딩을 살펴야 한다 · 052

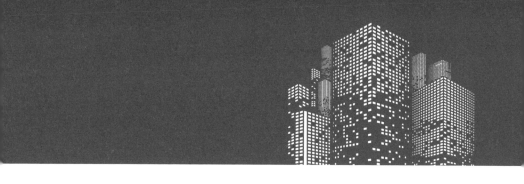

<u>**PART 02**</u> **스타트업 실전 Note**

스타트업이 뭐길래 · 066

Design 면접 문항과 면접 운영 · 074

Job-Posting 잘 나가는 스타트업의 채용공고 · 077

Training 스타를 발굴하는 특색 있는 면접기법 STAR · 085

Lock-In 잘 나가는 푸드 테크 기업의 버디 제도 사례 · 091

Branding 채용 브랜딩 작업으로 대동단결 · 096

<u>**PART 03**</u> **대기업 실전 Note**

대기업이 뭐길래 · 104

Design 알기 쉬운 PT 면접 · 110

Job-Posting 챗GPT도 알 수 없는 우리 회사 보여 주기 · 119

Training 구직자를 깊이 있게 들여다보는 BEI 면접기법 · 125

Lock-In 대한민국 최고 기업의
New Comer Welcoming Party 사례 · 130
Branding 입사할 회사에서 내가 하는 일은 · 134

SPECIAL 채용 브랜드와 조직문화 사이 · 137

PART 04 조직문화의 3 Why

조직문화는 기업브랜드다 · 142
조직문화가 몰입을 결정한다 · 154
조직문화는 그럴듯한 복지가 아니다 · 170

PART 05 　조직문화 실무 경험하기

Process 조직문화 활동을 위한 준비 운동　·188

MVC 조직문화 핵심, 미션·비전·핵심 가치 수립하기　·210

파워풀한 조직문화를 위한 TIP 스타트업　·226

파워풀한 조직문화를 위한 TIP 대기업　·240

PART 06 　성공적인 조직문화를 위한 +α

구성원이 경험하면 조직문화는 비로소 숨을 쉰다　·256

진정성 있는 조직문화를 위한 핵심　·267

Only one 조직문화는 이것으로 만든다　·282

**01
PART**

채용의 5-Box

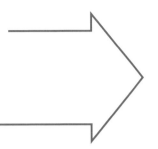

Design
채용 전형의 설계가
가짜 지원자를 거른다

▌ 우리 회사의
▌ 이상형은 누구인가?

채용을 하는 데 있어 채용 담당자라면 고민하게 된다. 왜냐하면 잘못된 채용은 회사의 심각한 비용 낭비를 가져오기 때문이다. 사람인, 잡코리아 같은 채용 사이트의 메인 페이지 첫 줄에 1주일 광고하는 비용도 높다. 필자가 아는 인사팀장은 본인 나름대로 채용 지원이 많은 요일을 뽑아 그 요일만 채용 광고를 한다고 한다. 여기에 채용 담당자가 구직자를 채용하기 위해 들어가는 시간과 그의 연봉을 합산한 인건비는 얼마일까? 혹자는 무려 채용되는 사람 인건비의 5배가 채용 비용이라고도 한다. 그래서 우리는 한 사람을 뽑음에 있어 민감할 수밖에 없다.

그렇다면 우리는 어떤 사람을 필요로 할까? 즉, 어떤 인재를 필요로 할까?

미꾸라지 한 마리가 물을 흐린다는 말이 있다. 즉, 내가 속한 팀의 팀원을 뽑을 때는 항상 신중해야 한다. 8년 전 한 회사에 면접을 갔는데 MBTI 간이 질문지 40문항을 주고 체크해 보라고 했던 기억이 남는다. 그때 나는 MBTI에 대해 알고 있었기 때문에 일부러 내가 수행하고 있는 직무에 가장 적합하다고 생각하는 유형에 맞춰 해답지를 체크하고 면접에 임했다. (MBTI 간이 사전 검사 40문항이 사실상 사전면접이었다) 면접관은 그 유형에 맞춰 의도된 답을 구하는 질문을 하고, 나는 당연히 그 유형에 맞춰 답을 하였다. 그리고 당연하게도 합격하는 분위기라서 면접 마지막에 한마디를 던졌다.

간이 시트지로 산출된 제 MBTI 유형은 ××××일 것 같습니다. 그런데 제 유형은 ○○○○입니다.

면접관은 놀란 기색이 역력했고 결국 난 탈락했다. 가고 싶은 회사 유무를 떠나 그 면접관이 원하는 스타일의 성격과 나는 너무나 달랐기 때문에 가 봤자 금방 퇴사할 것 같았다. 그 면접관이 원하는 인재 요건은 아마 MBTI의 ×××× 유형이었을 것이다. 이처럼 회사마다 요구되는 인재 요건은 다르고 회사 내부에도 부서마다, 각 부서 내 리더마다 요구하는 인재 요건은 다 다르다.

인재 유형의 구분은 크게 공통 사항, 다양성, 타입(업무·성격유형)이 있다고 생각한다. 다시 말해 '공통 사항'은 반드시 우리 회사의 해당 업무를 수행하기 위해 공통으로 필요한 것이다. '타입'은 한 조직 내 다양한 사람들이 어우러지기 때문에 차이가 있어도 되는 것, '다양함'이란 각자의 개성으로 전혀 상관이 없다는 것을 의미한다.

1 Depth ➡	2 Depth ➡	3 Depth
공통 사항	**스타일**	**취향**
도전의식	싸움꾼	취미
합리적 마인드	분석가	종교
시스템적 사고	참모	정치

아직 이해가 안되어도 괜찮다. 필자가 소개팅 받는 단계를 통해 다시 한번 인재상을 구분하는 기준에 대해 설명해 보겠다.

친구 글쓴아, 내가 소개팅해 줄까?
필자 좋아.
친구 넌 어떤 스타일이 좋아?
필자 글쎄… 음… 우선 긴 생머리에 키는 아담한 사람? ⇨ 스타일
친구 또 뭐가 있어?
필자 종교가 같았으면 좋겠고 취미가 같았으면 좋겠어. ⇨ 취향
친구 또?
필자 여자 ⇨ 공통사항

이렇게 스타일, 취향 그리고 공통사항. 최소한 3가지로 구직자를 나누어 볼 수 있다. 우리 회사의 인재상은 곧 우수인재이다. 사실 쪼개고 쪼개면 더 나눌 수 있으나 이 정도로만 하자. 어떤 사람이 필요한가를 정확하게 정하는 것은 우수인재를 뽑고 또 키워가는 데 꼭 필요한 단계이다. 그렇기에 채용 전에는 반드시 우수인재부터 기준화해야 한다는 것을 기억하자.

▌우리 회사의 이상형을 어떻게 찾아내지?

우리가 뽑아야 할 인재에 대한 3가지 구분 기준을 확인해 보았다. 기억이 안 난다면 필자가 소개팅하는 과정에 대한 스토리를 다시 한번 확인해 보기를 바란다. 그렇다면 다음 고민거리는 우리 회사가 'Pick' 하고 싶은 우리 회사의 이상형을 어떻게 찾아내는가이다.

바로 채용 전형 프로세스 단계

지원 접수	서류 전형	인적성 검사	면접 전형	인턴십	건강 검진	최종 합격
9월 3일 ~ 17일 (2주)	9월 18일 ~ 28일 (2주)	10월 13일	11월 6일 ~ 19일 (2주)	12월 1일 ~ 31일 (1개월)	인턴십 결과 확인 후	차년도 1월 중

채용 전형 프로세스는 우리 회사의 우수인재가 될 이들을 채용하기 위해 단계별 선별 장치를 운영함으로써 우수인재(최고의 이상형) 선발을 수렴화하는 일련의 활동이다. 전제 사항은 이 프로세스가 일관화를 형성해야 한다는 점이다. 그래야 프로세스의 효과를 높여 내

이상형을 뽑아낼 수 있다는 것이다. 그럼 우리의 이상형(우수인재)을 찾아내는 과정을 하나하나 살펴보자.

구분		내용	
서류 전형		· 입사지원서를 기준으로 지원 분야에 해당하는 필요 역량을 갖추었는지를 판단 · 지원 자격요건, 자기소개서 등을 기준으로 인·적성 대상자 선발	
인·적성검사	적성검사	· 신입사원의 직무수행 기본 역량을 검증하기 위한 평가 · 언어에 대한 이해 및 추리, 정보해석, 의미도출 등	문제 은행 Package 필요
	인성 검사	회사의 인재상에 맞는 개인별 역량 또는 직업 성격적 적합도 확인	
최종 서류 전형		· 인·적성검사 결과, 자기소개서, 직무 부합 등을 기준으로 면접 대상자 선발	
면접 전형	직무	전공 분야 전문성, 직무역량 평가	코딩 테스트
	종합	Passion, Attitude, Potential 역량 등 인성 영역 평가	
인턴십	프로젝트	(기본교육 후 멘토링 형태) 지원 직무 관련 프로젝트 1개월 수행, 마지막 주차 프로젝트 과정·결과 발표, 직무수행 능력, 조직 적응력, 잠재 역량 등을 평가	'18년 전후 본격화

❶ 지원접수

지원접수 기간은 보통 2주로 설정한다. 스타트업의 경우 채용 담당자가 업무 시간을 줄이기 위해 채용공고를 오랜 기간 올려두고 상시 채용을 진행하곤 한다. 이때 구직자는 별로 매력을 느끼지 못한다. 순댓국 맛집을 예로 들어 보자. 한 곳은 24시간 오픈하고 언제든 방문할 수 있다. 자리도 남아돈다. 또 다른 한 곳은 하루 점심시간 2시간만 운영하는데 사람도 꽉 찬다. 당신이 구직자라면 어떤 곳을 가고 싶을까? 하루 2시간 운영하는 순댓국집 아닐까? 조금은 귀찮을 수 있으나 최소 2주 단위로 올려 두고 자주 업데이트해라.

❷ 서류 전형

대기업의 경우 2주, 스타트업의 경우는 당일 이력서 확인 후 당일에 바로 진행하기도 한다. 이 부분은 회사의 상황에 따라 차이가 있을 수 있으니 회사 상황에 맞게 진행하도록 하자.

❸ 인·적성검사

대기업은 대부분 진행하나 스타트업은 비용과 시간을 이유로 진행하지 않는 경우가 많다. 저렴한 인·적성검사는 인당 만 원 정도의 비용이 들어가나 이 역시 회사의 사정에 따라 달라서 회사의 상황에 맞춰 결정하자. 다만 우리 회사의 이상형을 찾기 위해서는 시간과 비용이 뒤따른다는 사실은 기억하자.

❹ 면접 전형

크게 인성 면접과 역량 면접 두 가지가 있다. 우리 회사, 우리 팀, 우리 팀원들과 잘 맞는지? 그리고 우리 회사의 이상형이 될 사람이 지원한 포지션에 적합한 능력을 지녔는지를 판단하는 단계이다.

> ※ 면접 방식은 다양한 형태로 유행처럼 생겨났다가 사라지기도 한다. 2000년 전후에는 1박 2일 합숙을 하면서 면접하거나 음주 혹은 요리하면서 면접을 보기도 했었다. 2020년 전후로 일부 대기업에서는 인공지능을 활용한 면접을 도입하기 시작했다. 반면, 시간이 지나도 유지되거나 오히려 더 체계적으로 진화하는 면접 방식도 있다. 중요한 것은 '면접을 어떻게 볼 것인지'가 아니라 '면접을 통해 확인하고 싶은 것'이 무엇인지를 더 고민해야 한다.

❺ 인턴십

인턴십은 보통 1개월, 특히 인재 검증 절차가 대기업 대비 간소한 스타트업에서는 3개월에서 6개월까지 수습 기간이라는 명목으로 진행한다. 과제를 주고 검증하는 시간이다.

❻ 최종 합격

말 그대로 최종 합격의 단계이다. 다만 이 단계에서도 끝까지 주의를 기울이자. 지원자가 이력서에 적은 사항과 건강보험 득실확인서 등을 바탕으로 허위 사실이 없는지를 확인해 봐야 한다.

우리 회사에 '시험 삼아' 지원하는 허수 지원자는 어떻게 거르지?

이 험난한 프로세스 과정에서 채용 담당자로서 어려움을 겪는 부분이 '시험 삼아' 지원하는 지원자를 걸러내는 것이다. 물론 여러 회사에 지원하고 가장 좋은 회사를 골라 가는 것은 구직자 관점에서 당연하고 누구나 이해할 수 있는 일이다. 다만 이런 허수 지원자를 어떻게 하면 (시간과 비용을 최소화하여) 거를 수 있느냐는 고민 포인트는 인사 담당자의 숙명이다. 이 숙명을 해결할 방법이 절실히 필요한데, 면접 단계에서 이런 '시험 삼아' 지원한 지원자를 걸러 낼 수 있는 방법이 있다.

면접 전 '사전과제' 부여하기

우리 회사와 관련된 사업적 이슈를 주제로 던져 주고, 면접 전에 발표 자료를 제출하게 하는 것이다. 이렇게 사전과제를 부여받게 되면 지원자는 발품을 팔든 자료를 찾든 누구에게 물어보든 그 과제를 해결을 위한 '에너지'를 쓸 수밖에 없게 된다. 만약, 지원자에게 사전과제를 '안 해도 되는 이유'가 있다면 (예를 들어 지원하는 회사의 수가 많거나 사실 그다지 관심 있는 직무가 아니라거나) 당연히 제출하지 않을 것이기에 힘들이지 않고 허수 지원자를 거를 수 있게 된다. 실제 필자의 경험상, 대기업 기준으로는 서류 전형 통과자 중 사전과제를 제출하지 않는 비율은 10~20%대 였다. 만약 사전과제를 장치로 쓴다면 채용 담당자는 10~20%의 허수 지원자를 빼고 면접을 설계할 수 있게 된다. 또 과제를 제출한 지원자는 자신이 힘들게 자료를 만들었기 때문에 '아까워서'라도 면접장에 찾아오고야 만다.

지원자한테 채용 관련 정보가 공유되는 것은 어떻게 하지?

채용 담당자들이 주로 모니터링하는 취업 커뮤니티에서 '내 회사의 채용'과 관련한 정보가 공유되는 것을 불편하게 생각하는 경우를 종종 보았다. 실제로 1차 면접에서 진행될 사전 PT 과제의 '주제'가 커뮤니티에서 화제가 되며 PPT 파일 자체가 공유되곤 한다. 하지만 어떤 기업은 사전 PT 면접 주제를 몇 년 동안 유지하기도 한다. 이미 주제를 모르는 지원자가 없으므로 시간이 갈수록 발표 내용의 퀄리티가 올라가니 기업으로서는 굳이 바꿀 이유가 없는 것이다.

이미 많은 구직자는 다양한 경로를 통해 면접 단계마다 어떤 것들을 준비하고 대응해야 하는지 심지어 현장에서는 어떤 스타일(?)로 답변해야 하는지까지 너무나도 잘 안다. 이런 상황에서도 채용 담당자는 자신의 면접 전략이 최선인지, 다른 회사는 어떻게 진행 중인지를 확인해야 하고 계속 진보할 수 있도록 큰 노력이 필요하다고 할 수 있다.

채용을 이행하는 데 기준 수립 단계가 선행되어야 한다.

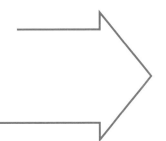

Job-Posting
퇴사를 방지하는
채용 준비와 적용

채용은 단기간에 적절한 리소스를 투입(Input)하여 우리 조직이라는 필드에서 함께 좋은 커리어를 쌓아가며 성장하고 나아갈 식구를 찾는 시간이다. 더 들어가 잡포스팅(Job Posting) 활동을 한다는 것은 그들을 모집하기 위한 일련의 활동이다. 반면 각 회사에서는 투입량(담당자의 투입 시간, 회사의 비용 등) 대비 원활한 산출량(채용된 인원의 수)을 뽑아내기가 늘 어려운 과정이 잡포스팅 단계다.

국내 소프트웨어 전문기업 티맥스의 임재영 인사팀장이 후배와 나누었던 이야기를 공유하고자 한다. 한 중소 업체에 근무 중인 후배는 임 팀장에게 "형님~ 요즘 채용공고를 올려도 지원자가 없어 죽겠어요"라고 죽는소리를 했다고 한다. "대표님은 우리 회사의 네

임밸류나 급여 수준이 높은데도 불구하고 채용이 잘되지 않는 것은 인사팀에서 적극적으로 채용하지 않아서 그렇다네요"라며 연신 억울하다는 말을 했다고 한다. 인사이트가 뛰어난 임 팀장은 후배와의 대화를 바탕으로 다음과 같은 항목들이 현업에도 어려움이 있을 것이라고 하였다.

□ 어느 사이트에 공고를 게시하는 것이 좋을까?
□ 유료 vs 무료 어떻게 경영진을 설득할 것인가?
□ 사이트 공고 게시 vs 자체 채용 사이트
□ 직무가 칼로 무를 베듯이 명확하지 않은데 어떻게 해야 하나?
□ 복지 등 내세울 만한 것이 없는데 어떻게 하지?

어느 사이트에 공고를 게시하는 것이 좋을까?

주요 채용 사이트는 1세대와 2세대로 구분되며 다음과 같다.

1세대 사람인, 잡코리아
2세대 원티드, 잡플래닛, 링크드인, 리멤버, 프로그래머스 등

채용 사이트의 1세대로 불리는 사람인, 잡코리아 등의 사이트는 대한민국 다수의 회사가 가입하였을 것이다. 회원 수로 보면 잡코리

아가 기업회원 450만 명, 개인회원 2,700만여 명(2020년 ID 기준)으로 가장 많은 회원 수를 보유한 것으로 나타났다. (참고로 현재 링크드인은 글로벌 기준으로 8억 5천만 회원이 사용 중인 것으로 확인했다) 잡코리아와 사람인 두 개를 사용할 경우를 가정한다면, 채용공고 기간은 비용 대비 효율성 측면에서 대부분 2주를 노출하는 것이 가장 보편적이다.

1세대 플랫폼 사람인, 잡코리아는 현재도 꾸준히 쓰이고 있으며 직무를 가리지 않고 일반적, 보편적으로 잘 쓰인다. 반면 2세대 플랫폼들은 '개발 vs 전체 직무'로 구분할 수 있는 것이 특징이다. 즉, 어떤 직무에 채용하는지를 구분 지어야 한다. 또 링크드인의 경우는 외국계에 특화된 성향이 있으므로 이 또한 채용을 진행할 때 고려해야 한다. 결국 채용 사이트를 활용하는 데 어떤 채용 플랫폼이 우리 조직에 가장 효율성을 가져다줬는지를 살펴보아야 한다. 그 효율성에 대한 기준은 다음과 같이 4Depth로 나누어 살펴볼 수가 있다.

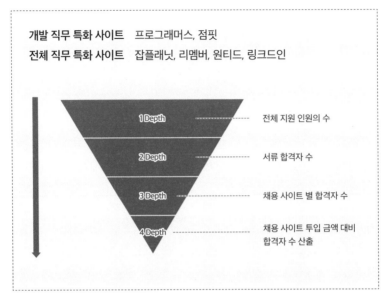

1 Depth .... 전체 지원 인원의 수

2 Depth .... 서류 합격자 수

3 Depth .... 채용 사이트 별 합격자 수

4 Depth .... 채용 사이트 투입 금액 대비
합격자 수 산출

효율성 산정 방식

SNS(유튜브, 페이스북, 카페, 블로그 등)에 채용공고하거나 안내하는 경우도 있다. 반면 SNS는 꾸준히 관리하지 않으면 하는 것만 못한 결과를 초래할 수도 있다. 다수 회사의 채용 소셜미디어 관리 현황을 보면 최근 자료가 2년 전이거나 몇 년 동안 방치되는 경우가 많다. 과유불급이라고 했다. 많은 곳에 게시하면 많은 사람이 볼 수 있을 것이다. 그러나 많은 사람이 우리 회사에 부정적으로 인식할 수도 있다는 것을 명심해야 한다.

신입사원 채용이 목적이라면, 각 대학의 취업 지원센터나 학과의 연락처, 담당자 및 다양한 채용 카페 리스트 업데이트를 추천한다. 타깃화 한 학과가 있다면 그 학과의 학과장과도 소통하며 지속적인 관계를 만들어 보자. 학교로서는 고정적인 취업 성과로 연결할 수 있고, 회사로서는 교수들과의 관계를 계속 유지하면 조금이라도 더 검증된 인원을 추천받을 수 있기에 충분히 실행해 볼 필요가 있다.

또 스타트업 혹은 중소, 중견기업 담당자라면 HRD-net의 채용 공고와 지역 여성인력개발원과의 협약으로 인력 유치를 하고 인건비 지원 사업의 혜택도 받을 수 있으니 충분히 검토해 보자.

카테고리별 채용 사이트

구분	사이트
통합	시람인(www.saramin.co.kr), 잡코리아(www.jobkorea.co.kr), 잡플래닛(www.jobplanet.co.kr), 워크넷(www.work.go.kr), 원티드(www.wanted.co.kr), 링크드인(www.linkedin.com) 인크루트(www.incruit.com), 스카우트(www.scout.co.kr), 리멤버커리어(https://career.rememberapp.co.kr),
외국계	피플앤잡(www.peoplenjob.com), 월드잡플러스(www.worldjob.or.kr), KOICA 좋은일자리(https://koica.go.kr), Kofen-job(www.kofenjob.com) 외교부 인사센터(http://unrecruit.mofa.go.kr), KCOC 협력민간협의회(www.ngokcoc.or.kr), 잡포스팅(http://jobposting.co.kr)
이공계	알앤디잡(www.rndjob.or.kr), 이엔지잡(www.engjob.co.kr), 엔지니어(http://engineer.co.kr), 프로그래머스(https://programmers.co.kr)
의료·병원	메디컬잡(www.medicaljob.co.kr), 메디잡(www.medijob.cc), 한방잡(www.hanbang.co.kr), 널스잡(www.nursejob.co.kr), 메디엔젤(www.mediangel.co.kr), 간호잡(www.ganhojob.com)
제약	팜인포(www.pharminfo.co.kr), 파마메디잡(https://pharmamedijob.co.kr), 팜리쿠르트(http://recruit.dailypharm.com), 바이오잡(www.biojob.co.kr)
공공기관	잡알리오(https://job.alio.go.kr), CLEAN EYE(www.cleaneye.go.kr), 나라일터(www.gojobs.go.kr)
금융	어카운팅피플 (www.accountingpeople.co.kr), 금융권취업포털(www.finet.co.kr)
건설	콘잡(www.conjob.co.kr), 건설워커(www.worker.co.kr), 건설워크넷(https://cworknet.kocea.or.kr)
언론·방송	미디어잡(www.mediajob.co.kr), 광고정보센터(www.adic.or.kr)
패션·뷰티	패션스카우트(www.fashionscout.co.kr), 패션워크(www.fashionwork.co.kr), 뷰티인잡(www.beautyinjob.co.kr)
기타	워커넥트(https://weconnect.kr·), 하이브레인넷(www.hibrain.net), 아이원잡(www.ibkonejob.co.kr), 항공일자리포털(www.airportal.go.kr), 디자인잡(www.designjob.co.kr)

직무가 명확하지 않은데
어떻게 적어야 할까요?

일반적으로 작성된 채용공고를 보면 업무를 세분화하여 공고를 게시한 경우가 많다. 한 페이지 분량으로 직무 리스트만 보더라도 내가 그 업무를 하고 있다는 착각이 들 정도다. 반면 스타트업 채용 담당자는 늘 고민에 빠진다. 보통 작게는 일당 50에서, 일당 100까지의 업무를 소화해야 하거나 업무의 경계가 모호한 경우가 많기 때문이다. 실제로 채용 사이트에 기재된 한 스타트업의 인사총무팀원 모집 요강을 살펴보자.

[모집분야] 인사총무팀
[담당업무] 총무 80%, 인사 20% 업무 수행

☐ 문서 관리   ☐ 피복 관리
☐ 시설 관리   ☐ 비품 관리
☐ 구매 관리 및 기타 구매 제반 업무   ☐ 차량 및 장비 관리

리스트만 보면 인사 업무 담당자를 뽑는 것인지 총무 업무 담당자를 뽑는 것인지 모호하다. 실제로 두 업무를 다 하게 될 것인데 지원자가 "저는 인사 업무를 하나요, 총무 업무를 하나요?"라는 질문에 흔히 "다합니다", "70:30의 비율로 합니다" 등의 답변을 할 수밖에 없게 된다. 스타트업의 상황도 있지만 일부 경영진의 '우리 같은 작은 기업에서 업무를 딱 잘라 나누면 일이 되니?'라는 생각도 한몫한다. 나누지 않아 일이 안되는 경우가 많은데도 말이다.

한 조사에 따르면 채용공고 내 업무 기술서만 구체적으로 잘 명시되었을 때 구직자에게 신뢰를 주며 지원하고자 하는 의지가 생긴다고 하였다. 채용 브랜딩이 별거인가? 구직자가 우리 회사에 입사 후 하게 될 업무 기술 사항만 성의 있게 작성해도 회사의 채용 브랜드는 높아진다.

앞서 예시로 든 잘못된 사례에서도 최소한 인사 업무는 어떤 업무를 진행하게 될 것이며, 총무 업무는 이러이러한 업무를 수행하게 될 것이다라고 적는다면 어땠을까? 회사가 빠르게 흘러가고 있기에 업무는 상황에 따라 변경될 수 있다고 솔직히 답변했다면 어떨까? 때론 억지스러운 포장보다 솔직함이 답일 수도 있다.

We Hate
복지 같지 않은 복지

인사 업무를 수행하면서 채용이 잘 안되는 회사에서 담당자들이 주로 하는 이야기 중 하나가 "복지가 없어서 지원을 안 해요. 요즘 MZ 세대가 회사를 지원하는 주요 기준 중 하나는 복지예요"라는 말을 많이 한다. 과연 사실일까? 정중히 예의를 갖추고 말하건대, 그것은 착각하지 말아야 할 것 중 하나다. 즉, 복지가 없어서 지원을 안 하는 것이 아니다. 게다가 복지 같지 않은 복지를 자꾸 복지라고 우기는 회사의 문제도 감히 지적한다. 일률적인 복지를 쭉 나열한 회사를 보면 매력 포인트가 떨어진다. 최근 기업들의 복지는 주고 욕먹는 식이 많다. 없으면 안 적는 것이 나은 경우도 있다. 다음은 어느 기업의 채용공고의 복리후생을 나열한 것이다. 만약 지원자라면 어떤 느낌이 드는가?

복리후생	연금/보험	국민연금, 고용보험, 산재보험, 건강보험
	휴무/휴가/행사	주5일 근무, 연차, 산전 후 휴가, 육아휴직, 보건휴가, 체육대회, 야유회
	보상/수당/지원	퇴직금, 각종 경조금 지원, 우수사원 표창/포상, 직책수당, 가족수당
	교육/연수	신입사원 교육(OJT)
	사내시설/장애인지원	사내식당
	생활편의/여가행사	사내 동호회 운영, 중/석식 제공

    채용 사이트 내 한 스타트업이 채용공고에 명시한 복지 리스트로, 아이러니한 점이 있다. 과연 4대 보험, 연차, 모성 보호 휴가, 퇴직금, 체육대회, 야유회가 복지인가? 물론 좋아하는 사람도 있겠으나 이런 활동을 피곤해 하는 이들이 다수다. (혹시라도 체육대회, 야유회를 아직도 주말에 진행하고자 하는 강한 의지를 다지고 있는 경영진이 있다면 이제 그만하길 바란다. 힘들게 채용한 직원들을 '조용한 사직'의 길로 안내하는 지름길이 될 것이다) 차라리 이렇게 적어보는 것은 어떨까?

☐ 눈치 없이 사용할 수 있는 연차

☐ 육아휴직 안 쓰면 인사팀이 혼나요!

☐ 귀한 집 아들 딸내미! 굶기지 않아요!

☐ 모든 책임에는 대가가 따른다! '직책 수당'

없는 복지, 너무나 당연한 복지를 억지로 붙이지 말자. 구직자에게 반감만 살 뿐이다. 부정적인 이미지를 심어 주는 말도 안되는 복지들은 과감히 지우자. 또 당연하다고 할 수 있는 복지들에 대해 이미지 메이킹으로, 구직자에게 회사에 대한 좋은 호감을 심어 줄 수 있도록 노력하는 자세가 필요하다.

회사의 고객은 바이어(Buyer)만 있는 것이 아니다. 채용공고 하나조차도 구직자의 관점에서 우리 회사로 끌어들일 수 있는 매력 포인트를 고민해 보자.

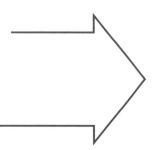

Training
사고 치는 것도 면접관
끌어들이는 것도 면접관

'소리 반! 공기 반! 저마다의 기준이 있다.'

비, 박진영, 김건모, 원빈, 이준기…

이들의 공통점은 무엇인가? 바로 SM엔터테인먼트의 '이수만' 설립자가 떨어뜨린 어마어마한 연예인들이다. 다시 말해 이수만에게 까인(?) 이들이다.

아이유, 효린, 이기광, 윤두준, 하니, CL…

그럼 이들의 공통점은 무엇일까? 바로 '공기 반! 소리 반!'의 주인공 박진영이 있는 JYP엔터테인먼트에서 까버린(?) 그들이다.

앞에 열거한 이들의 공통점은 이수만과 박진영을 만나 떨어졌다. 박진영에게는 '공기 반! 소리 반!'과 같은 자신만의 사람을 보는 독특한 기준이 있고, 이수만 역시 그만의 사람을 보는 독특한 기준이 있을 것이다. 이수만과 박진영은 추후 유명해진 가수들을 자기만의 기준으로 떨어뜨렸지만, 반면 HOT, SES, 비, GOD, 원더걸스부터 NCT, aespa, 트와이스, ITZY까지 그들만의 기준으로 배출했다. 이처럼 셀 수 없을 만큼 많은 면접을 진행하며 누군가를 평가했던 이들에게는 자기만의 기준이 있다는 사실을 당신은 인지하고 있었던가?

당신이 다니고 있는 회사의 면접관으로서 당신은 사람을 보는 기준이 있어야 한다. 면접자를 상대로 해야 할 행동, 하지 말아야 할 행동에 대한 명확한 기준도 있어야 한다. 왜냐고? 당신은 그 회사의 얼굴이니까. 당신은 면접관으로서 당신이 속한 회사를 성장시킬 사람을 거르고 뽑아야만 한다. 그럼 어떻게 하면 그렇게 할 수 있을지 같이 이야기해 보자.

사고를 치는 면접관의 공통된 이유

모 회사 잡플래닛 면접 후기

어떤 회사의 잡플래닛 면접 후기이다. 사회생활 중 최악의 경험으로 면접을 본 경험이라 적어 놓은 면접자의 후기가 무척이나 인상적이다. 이 후기는 무려 28명으로부터 '도움이 돼요'라는 메시지를 받았다. 잡플래닛이라는 SNS 플랫폼의 파급 효과를 고려해 보면 면접자를 유치하는 채용 브랜딩 활동을 한참 진행해도 모자랄 판에 저런 글 하나는 회사에 인터뷰하러 올 수백 명을 날리기에 충분한 글이다. 심지어 저 후기의 2차 면접관은 해당 회사의 관리팀장이라고 한다. CHRO 급의 인사 관리 총괄임에도 불구하고 저 회사의 채용 담당자가 도저히 참다못해 해당 데이터들을 모아 대표 이사에게 정식 보고하였고, 결국 면접에서 배제되었다는 후문이 있다.

면접관은 회사의 얼굴이다. 우리는 이 부분을 정확히 인지해야만 한다. 면접관이 저런 실수를 하면 채용 담당자는 일할 맛이 나질 않을 것이다. 또 회사 이미지는 바닥을 칠 것이다. 면접에서 부적절한 질문이나 말도 안되는 행동을 해서 뉴스에 종종 등장하는 회사들도 있다. 이런 면접 사고(?)의 원인은 여러 가지가 있지만, 가장 핵심적인 원인은 면접관 사전교육이 안되어 있기 때문이다.

이런 현상은 대기업이든 스타트업이든 공통화된 현상이고, 상대적으로 교육에 대한 투자 비용이 적은 스타트업에서는 빈번히 생기는 현상이다. '면접관을 많이 해 봐서 다 안다'는 면접관이나 '나는 사람을 잘 볼 줄 안다'고 자신하던 이들도 결국 면접장에서는 문제가 생기는 경우가 많다. 자신을 너무 과신하기 때문에, 준비되지 않고 교육받지 않은 면접관이기 때문에, 또 사람이기 때문에…

만약 당신이 다니는 회사가 면접 프로세스가 제대로 잡힌 회사가 아니라면, 면접관 사전교육을 진행하고 있는 회사가 아니라면 인터뷰에서 최소한 면접관으로서 해야 할 것들과 하지 말아야 할 것을 명확히 알아야 한다. 이 둘 중 중요한 것은 하지 말아야 할 것을 먼저 아는 것이다.

면접에서 묻지 않고 하지 말아야 할 것들

만약 필자에게 면접에서 절대 묻지 말아야 할 3가지 질문의 유형을 뽑으라고 하면 다음의 내용처럼 답변할 것이다.

---

❶ 지원자에게 부적절하거나 오해를 살 만한 질문
- 혹시 애인 있어요?
  ⇨ 요즘같이 인권과 신고 정신이 투철한 세상 속에서 쇠고랑을 찰 수 있다.

❷ 면접 평가의 타당성에 대해 공격받을 수 있는 질문
- 주량은 어떻게 되시나요?
  ⇨ 질문 속에 이미 편견이 가득 차 있다.
    "술을 잘 못 먹으면 회식도 안 가고, 팀원들이랑 못 어울리겠네?"

❸ 변별력이 낮은 면접 질문
- 혹시 엑셀 잘하세요?
  ⇨ 변별력 없는 단순 질문으로 사람을 어떻게 평가할 것인가?

---

❷번 질문 유형처럼 '주량은 어떻게 되느냐'를 질문하고 나서 한 지원자가 불합격했다고 가정해 보자. 그 지원자의 성격이 그냥 못 넘어가는 성향을 지녔다면 자신이 떨어진 것에 대해 의심을 할 것이다. 또 직무수행과 전혀 상관없는 질문을 한 기업을 상대로 불합격 사유를 요구할 수도 있고, 취업 커뮤니티에 이슈를 제기함으로써 회사 브랜딩에 해를 입힐 수도 있다.

이런 피해를 사전에 예방하기 위해 면접관이 하지 말아야 하는 질문은 다음과 같다.

직무수행과 무관한 질문은 하지 말아야 한다. 예를 들어 종교가 무엇인지, 키와 몸무게가 얼마나 되는지 등 외모와 관련된 질문은 하지 말아야 한다. 또한 주량은 얼마나 되는지, 소주는 몇 병이나 마시는지 등도 직무수행과 전혀 관련이 없는 질문이기에 하지 말아야 한다. 지원자의 사적 프라이버시를 침해하는 질문도 절대 하지 말아야 한다. 결혼은 언제 할 예정인지, 아이는 언제 가질 예정인지, 결혼하면 직장은 어떻게 다닐 것인지가 가장 위험한 질문이다.

또 면접관 스스로 자신이 다니는 기업 이미지에 먹칠하는 질문들이 있다. 경쟁사에 중복으로 지원했는지, 우리 회사 특정 직무가 힘들고, 연봉은 낮은데 올 것인지 등이다. 결론적으로 역량 수준을 판단하거나, 직무수행과 무관한 질문은 하지 말아야 한다.

이 외에도 '쉬는 날 회사를 나오라고 하면 어떻게 할 것인가'와 같이 지원자의 거짓 답변을 가려낼 수 없는 가설적인 질문과 '축구를 좋아하냐, 골프는 잘 치는가'와 같이 지원자의 능력 평가와 연관성이 낮은 질문도 좋지 않은 질문이다. 특정 학교나 출신 지역을 면접관이 언급하면서 '지연 혹은 학연과 관련'된 말이나 행동 역시 면접관이 해서는 안 된다. 다시 한번 말하지만, 면접관은 회사의 얼굴이다. 해야 할 말을 아는 것보다 하지 말아야 할 말들을 먼저 인지할 수 있도록 노력하는 자세가 필수이다.

금융/재무 / 사원·전문대졸   2021. 03. 12

면접난이도
보통

면접일자
2021/02

면접경로
온라인 지원

"1. 플랫폼으로 지원
2. 면접제의
3. 면접 1차 인사
4. 면접 2차 팀장
5. 면접 3차 대표이사"

면접질문
직장상사와 맞지않는다면 업무를 과도 하게주고 알려주지않고 계속 가중만 시킨다면 어떻게 대처를 하실건지에대한 질문

면접답변 혹은 면접느낌
기본적인 자세를 보는 것 같은 느낌이들었습니다.
그리고 부서 팀장님을보고 절때 입사하지말아야겠다는 생각했습니다.

채용방식
개인면접

발표시기
30일 후

| 면접결과 | 😊 합격 | 면접경험 | 😞 부정적 |

👍 도움이 돼요 13   신고하기

모 회사 잡플래닛 면접 후기

부적절한 면접 질문과 더불어 중요한 것이 바로 면접관의 행동이다. 잡플래닛의 후기 내용을 보면 면접관의 역할에 대해 똑똑히 확인할 수 있다.

이력서를 처음 훑어보는 것 같은 행동
⇨ 내가 얼마나 이력서를 열심히 썼는데 넌 읽지도 않고 오니?

질문 몇 개 던지고 기다리라고 하는 무성의
⇨ 내가 얼마나 열심히 준비하고 시간을 내서 왔는데 날 이따위로 대해?

사람 무시하는 표정
⇨ 날 앞에 두고 네가 감히 날 무시해? 네가 얼마나 잘났다고?

실제 사례에서 면접관으로서는 사소한 것으로 느낄 수 있음에도 불구하고 면접자에게는 큰 상처가 될 수 있다. 팔짱을 끼거나 의자에 몸을 기대며 뒤로 젖히는 행동, 지원자가 답변할 때 고개를 젓거나 갸우뚱거리고 한숨을 쉬는 행동 또한 지원자가 불만을 넘어 분노를 사게 할 수 있다. 지원자가 답변하는 중에 면접관끼리 속삭이는 듯 대화하거나 답변 중에 과자를 먹거나 다른 행동을 하는 등 지원자가 무시당한다고 생각할 수 있는 행동 또한 조심해야 한다.

지원자를 불안하게 하거나 난처하게 하는 상황도 조심성을 가질 필요가 있다. 답변을 경청하는 것이 아니라 형사가 취조하듯 고압적인 말투를 사용한다거나 반말하는 행위, 지원자의 외모나 복장, 정치적 견해나 종교, 가정 및 가족에 대해 지적하는 것도 특히 조심해야 한다. 정치나 종교, 가족에 대한 갈등이 생기면 살인이 나기 전에는 끝나지 않는다는 말도 있지 않은가? 면접자를 위하는 마음이 있을지라도 지원자에게 훈계하거나 행동·답변을 강요하는 경우 각종 취업 커뮤니티를 통해 부정적인 내용을 게시하여 회사 이미지에 악영향을 줄 가능성이 높다는 것을 인지하자.

마지막으로 지원자를 'Pick' 한다는 오만함과 건방짐은 버려야 한다. 이런 태도를 이유로 자신도 모르는 사이에 면접자보다 위에 있다고 생각하며 함부로 면접자를 평가하며 코멘트를 전해 주는 태도를 보일 수 있기 때문이다. '내가 널 뽑아줄게!'라는 태도는 면접자에게 부담감과 압박감을 줄 것이며 그가 우리 회사, 우리 조직, 우리 팀에 맞는 사람인지 정확히 판단하는 데 장애가 될 것이다.

혹시라도 면접 중 긍정적인 피드백을 면접자에게 주는 것은 그를 뽑지 않았을 때 상처 주기 딱 좋은 액션이다. 면접자는 그 피드백을 듣는 순간 '내가 이 회사에 합격했구나!'라고 생각할 수 있기 때문이다.

▌ 면접에서
▌ 질문하면 좋은 것들

면접 시 개방형 질문을 시작으로 지원자의 기본적인 정보를 파악했다면, 지원자의 답변을 바탕으로 탐색형 질문이나 비교형 질문을 통해 구체적인 정보나 사실을 확인할 수 있다. 개방형 질문, 탐색형 질문, 비교형 질문을 구체적인 예시로 준비해 보았다.

개방형 질문은 지원자가 5W1H에 따라 답변할 수 있도록 하는 것
- 자기소개서에서 언급한 ○○ 프로젝트를 선정한 이유는 무엇인가요?
- ○○ 프로젝트를 수행하면서 겪었던 가장 큰 어려움은 무엇이었나요?

　개방형 질문 중 가장 많이 활용되는 부분은 바로 '목적'이라고 할 수 있다. 목적이나 이유에 대한 설명을 요청하면, '언제, 누구랑, 무슨 목적으로, 왜 했는지'를 파악할 수 있다. 만약 답변 중에 빠져 있는 내용이 있다면 추가로 질문할 수 있고, 어려움은 무엇이었는지, 어떤 성과가 있는지까지 질문할 수 있다. 단편적인 폐쇄형 질문으로는 파악하기 어려운 부분을 개방형 질문으로 알아내 보자.

탐색형 질문은 앞서 지원자의 대답에서 정보를 좀 더 심도 있게 파악하기 위해 상황이나 행동, 결과 중심으로 질문하는 것
- (지원자의 답변을 듣고) 방금 답변 주신 ○○ 활동에 대해 좀 더 자세하게 설명해 주실 수 있을까요?
- 아 그렇군요, 그러면 ○○ 프로젝트에서 당신의 역할은 구체적으로 무엇이었습니까?

　탐색형 질문의 포인트는 바로 '확장'이다. 지원자의 활동과 경험에 대한 구체적인 질문을 하고 싶다면, 더 자세한 설명을 듣고 싶다면, 탐색형 질문이 좋다. 앞서 언급한 개방형 질문과도 유사하지만, '자세한 설명'에 대해 지원자가 어떤 부분을 강조하는지도 살펴볼 수 있다. 그리고 '역할'에 대한 탐색은 지원자의 공헌이나 기여도까지도 확인할 수 있다.

비교형 질문은 지원자의 경험이나 수행했던 직무 간의 차이점을 비교함으로써 지원자의 차별적 요소를 판단하기 위한 것

· (지원자의 답변을 듣고) 앞서 언급하신 A가 B와의 가장 큰 차이점은 무엇이라고 생각하십니까?

· 당신의 ○○ 업무(과제) 수행 능력을 다른 동료들과 비교하면 어떤 차이가 있다고 생각하십니까?

비교형 질문은 그야말로 '비교'이다. 지원자의 경험을 내·외부 비교가 가능하다. 예를 들어 전공과 유관된 A 직무를 선택하지 않고, B 직무를 선택하게 된 계기는 무엇인지, ○○ 프로젝트를 수행하면서 내가 다른 동료와 차별적인 활동은 어떤 것들을 했는지 등을 비교할 수 있다. 이러한 비교 속에서 지원자의 차별적인 요소를 발견할 수 있다.

반대로 '○○ 프로젝트에서 ×× 기술은 사용 경험이 있나요?'와 같은 폐쇄형 혹은 단답형 질문은 하지 않는 것이 좋다. 질문을 꼬리 물기 식으로 이어갈 수 없음은 물론 실제로 면접자에 대한 역량 검증을 구체적으로 파악하기에는 어려운 질문이기 때문이다. 탐색형 질문은 지원자와 관련된 세부적인 사항을 파악하기 위해 필수이므로 지원자가 답변하는 시간 동안 좀 더 구체적으로 알아내야 하는 정보를 빠르게 메모했다가 질문하는 스킬이 필요하다. 비교형 질문은 지원자 경험에 대한 비교도 가능하며 특정 과제수행 기간에 다른 동료와의 차별성도 확인할 수 있다.

바람직한
면접관의 특징

바람직한 면접관은 지원자의 대답을 경청하고 지원자를 존중하는 자세가 필요하다. 누가 시켜서 억지로 하는 것이 아니라, 지원자를 회사의 고객이라 생각해 보자. 그럼 자연스럽게 경청과 존중의 자세가 나올 수 있을 것이다. 경청한다면, 몸은 지원자를 향하게 되고 팔짱은 풀려서 테이블 위에 올라가게 된다. 지원자의 말을 듣기 위해서는 메모하다가도 눈을 마주치게 된다. 작위적 행동이 아니라 진심으로 지원자의 답변을 듣게 되면 자연스럽게 느껴질 것이다. 면접에서는 지원자만 평가받는 것이 아니라 면접관과 그가 속한 기업도 평가받는다는 것을 꼭 명심하고 사전 준비를 철저하게 해야 한다. 지원자가 질문에 대해 어려움을 느낀다고 생각되면, 지원자가 생각을 정리하고 답변할 수 있도록 적절한 시간을 주자. 또한 면접관은 최대한 간결하고 명확한 하나의 질문을 하고, 지원자가 본인의 역량을 '행동'을 통해 구체적으로 설명할 수 있도록 심층적인 질문을 해야 한다. 면접은 지원자의 역량을 평가하는 자리이기 때문에, 지원자의 의견이나 답변에 최대한 동의를 표하고 공감하면서 객관적인 사실 위주의 평가를 할 수 있어야 한다.

양파같이 까도 까도 새로운 면접자의 속을 알 수 있는 질문에 대한 고민의 끝은 없다.

Lock-In
채용된 인원을 회사에
Lock-In 하는 방법은 이것

필자가 정말 좋아하는 중소기업연수원의 지근영 원장이 얼마 전 페이스북에 '요즘 세대들의 3요 증상'에 대해 작성한 글이 있다.

"이걸요? 제가요? 왜요?"

요즘 세대의 개인주의적 마인드를 한눈에 보여 주는 워딩이다. 필자는 밀레니얼세대의 선두주자(학문상으로 밀레니얼세대는 1980~2000년 생으로 정의)이다. 하지만 MZ세대 관점에서는 그저 꼰대이다. 즉, 그들과 같은 세대이긴 하지만 서로 다른 시각을 가지고 있다.

회사에서 연초에 팀 간 목표 수립안 작성을 앞두고 최근 팀 단체 채팅방에서 있던 일이었다.

"각자 내년에 하고자 하는 업무 목표에 대한 계획을 세워 내일모레까지 제출 바랍니다. 양식은 첨부 파일로 전달해 드릴게요."

"팀장님도 하실 거죠? ^^ 저희는 팀장님의 생각이 궁금합니다."

당돌한 그의 태도에 나머지 팀원들은 채팅방 속 침묵이 흘렀다.

이런 친구들을 상대해야 하는 것이 요즘 세대 팀장이다. 즉, 성과만 좋으면 승진할 것이라고, 좋은 평가를 받을 것이라고, 착각하는 부하들을 상대해야 하는 것도 팀장이다. 그래서 이 시대의 팀장들은 선한 인품이라는 기반에 사람을 올바르게 대하는 것과 사람에게 올바르게 말하는 것은 꼭 필요한 역량이 되어 버렸다.

리더들과 회사는 이런 팀원들을 그리고 직원들을 상대해야 한다. 그들을 상대하면서 가장 무서운 것은 무엇일까? 바로 나가겠다는 말이다. 차라리 나가주면 다행이다. 하지만 나가겠다 나가겠다 하면서 나가지 않는 이들은 회사의 암적인 존재이다. 다시 돌아가서 이전 대비 직원들의 근속기간은 점점 줄어들고 있다. 또 업무에 대한 몰입도 줄어들고 있다. 즉, 요즘 세대라 칭할 그들의 마음속에서 이직이라는 싹은 커지고 마음속에 사직서를 품은 이들과 회사에 대한 불신은 이전 대비 커지고 있다. 그래서 회사와 리더들은 팀원들이 이런 마음을 가지지 않도록 하며 회사에 대한 로열티와 몰입도를 높여줄 수 있는 노력을 해야 한다.

연평균 근로시간 동메달, 대한민국

세계경제협력개발기구 OECD가 발표한 2021년 국가별 연평균 근로시간 조사에서 한국은 연평균 OECD 39개의 회원국 중 무려 3위였다. 2022년은 2계단 하락하여 메달권 밖으로 밀려났다. 이 아름다운 순위는 세상 모든 이들이 일과는 절대 떨어질 수 없다는 의미를 대변한다.

세상 모든 직장인에게 일이라는 것은 삶에서 큰 의미를 차지한다. 직장인 대부분은 24시간 중 최소 하루 8시간 이상을 회사에서 일하며 보내기 때문이다. 누군가는 일을 삶의 고통으로 생각할 것이다. 또 생계 수단으로 생각하기도 한다. 또 내가 성장하는 수단으로 생각하기도 한다. 직장인들은 이처럼 각자 일에 대한 의미를 가지고 살아가곤 한다.

당신은 일이라는 것에 있어 어떤 의미를 부여했는가? 우리가 채용한 팀원들도 각자가 부여한 일에 대한 의미가 있지 않을까? 만약 그들을 회사에 계속 머무르게 하고자 한다면 우선 그들이 일하는 이유를 먼저 생각해 봐야 하지 않을까? 조금 더 깊게 들어가서 그들이 일이라고 하는 것에 대한 근원이자 의미가 무엇일지를 먼저 살펴봐야 하지 않을까?

일의 의미(Meaning Of Work)
- 내재적 동기
- 외재적 동기

학술계에서도 최근 5년 사이에 '일의 의미'에 대한 연구가 많이 이루어지고 있다. 일의 의미는 크게 내재적 동기와 외재적 동기로 나눠진다. 내재적 동기는 일을 통한 성장이나 발전, 업무에 대한 자기 주도성, 성취도 같은 것을 말한다. 외재적 동기는 한마디로 '쩐'이다. 연봉, 상여금을 포함한 급여나 스톡옵션, 회사에서 제공하는 복리후생 같은 것을 말한다.

'쩐'의 전쟁이 불러온 사람들의 오해와 이해

이직의 원인 변수

직무 관련 요인	개인 특성 요인	외부 환경 요인
· 급여	· 나이	· 고용에 대한 인지
· 직무성과	· 근속연수	· 실업률
· 직무의 명확도	· 성별	· 취업가능성
· 직무의 반복성	· 교육	· 노동 조합의 유무
· 직무의 만족도	· 결혼 여부	
· 급여 만족도	· 부양자 숫자	
· 직무 자체 만족도	· 능력과 적성	
· 감독자 만족도	· 지능	
· 동료 만족도	· 이직의도	
· 승진 기회 만족도	· 기대감 충족도	
· 조직 충성도		

출처   Cotton, J. L. & Tuttle, J. M. (1986). Employee turnover: A meta-analysis and review with implications for research. Academy of Management Review, 11(1), pp50~70.

이직하고자 하는 원인으로는 크게 직무 관련 요인, 개인 특성 요인, 외부 환경 요인이 있다. 회사나 팀장들이 오해하는 것 중 하나가 사람들이 일하는 이유 혹은 이직하고자 하는 원인으로 내재적 부분보다 외재적 부분에 더 중점을 둔다고 생각하는 것이다. 즉, '일하는 이유 = 생계 수단'으로만 생각하는 이들이 많다. 하지만 이는 잘못되고, 모자라며 어긋난 오해이다. 사람들은 점점 전보다 풍요로워지고 있다. 그리고 일은 훨씬 유동적이며 빠르게 변화하고 있다. 시대가 빠르게 변화하기에 그에 맞추어 바뀌는 것이다. 다시 말해서 우리 팀원들도 혹은 우리 직원들도 회사에 다니는 이유가 돈이 다는 아니라는 것이다. 젊은 세대일수록 더욱 그렇다.

최근 입사한 23세의 파릇파릇한 팀원이 있다. 그 친구는 타 회사에서 1년 2개월간 일하다가 이직했다. 인터뷰를 진행할 때가 기억이 난다.

A　○○님께서 이직하는 사유가 어떻게 될까요?

B　일을 배우고 성장하고 싶어서 이직하고자 합니다.

A　너무 훌륭한 분인 것은 알겠는데 죄송하게도 회사 형편상 이전 회사에서의 경력 인정이 어려워요. 연봉도 전 회사보다 낮게 책정될 수밖에 없는 현황입니다. 대신 오시게 된다면 팀장으로서 사람 스트레스는 받지 않게 해드릴 것이고 장기적 커리어 플랜을 ○○님과 같이 고민해서 성장할 수 있게 만들어 드리겠습니다. 같이 하실 수 있을까요?

B　네. 저는 일로 성장할 수 있는 기회를 얻고 싶습니다. 연봉은 떨어지고 경력으로 인정받지 않아도 괜찮습니다.

이 친구는 전 회사보다 떨어진 연봉과 경력을 인정받지 못하였으나 입사하였다. 어쩌면 필자가 이 친구를 팀원으로 모시게 된 것

은 천운일 수도 있다. 또 업무적으로 어느 팀원보다 이 친구는 안정감 있게 묵묵히 이행하고 있다. 또 약속대로 (당연하지만) 이 친구의 커리어 플랜과 업무적 성장을 위해 애쓰고 있다. 이 친구가 전 회사를 이직하게 된 원인은 돈이 아니라 성장에 대한 욕구였다. 우리는 돈이나 복지와 같은 외재적 보상이라는 관점만이 다가 아니라는 생각을 가져야 한다.

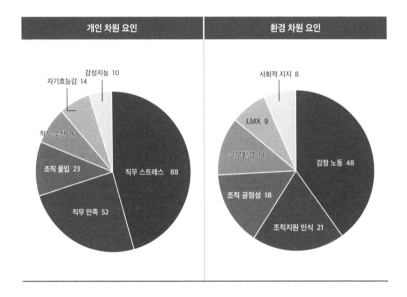

중소기업연수원 지근영 원장의 2020년에 학위 논문에서 발표한 표이다. 사람들이 이직하고자 하는 목적에 대해 지원장이 516편의 학위 논문을 검색하여 정리한 사항이다. 개인 차원의 요인과 환경 차원의 요인별로 각각 상위 요인들을 분석해 보았을 때 외재적 보상에 관한 내용은 어디에서도 찾아볼 수가 없었다. 즉, 돈을 많이 준다고 무조건 나가겠다는 사람을 붙잡을 수 있는 것은 아니라는 것이다. 사내 직원들을 Lock-In 하기 위해서는 회사의 관점에서나 팀장의 관점에서나 내재적인 부분을 매니징해 줄 수 있도록 노력해야 한다.

돈으로 집토끼를 지키려다가 가랑이 찢어진다.
집토끼를 Lock-In 할 수 있는 우리만의 방법을 찾아보자.

Branding
지원자가 없다면
채용 브랜딩을 살펴야 한다

채용 브랜딩은 회사에서 최고의 인재를 채용하기 위해 회사 브랜드의 이미지, 느낌 및 아이덴티티를 구직자의 마음속에 심어 주는 모든 활동을 총망라한다고 할 수 있다. 다시 말해 채용과 관련한 전체적인 활동을 하나의 브랜드로 인식하게 하여 잠재 입사자들에게 우리 기업의 호감도를 높이는 활동이다. 예를 들자면 자사의 채용 공고, 홈페이지, 기업 블로그, 유튜브 채널 등을 활용하여 구직자들에게 기업과 관련된 정보, 문화, 직무 등 기업과 기업 구성원에 대해 설명하는 것이다.

고독한 인사 담당자들의
새로운 고민거리

채용 브랜딩을 위해 채용 담당자들은 구직자가 어떤 고민을 하고 있는지, 무엇을 가장 궁금해하는지 반드시 살펴보아야 한다. 구직자, 특히 대졸(예정) 지원자들은 '내가 이 회사와 잘 맞을지, 어떤 일을 직업으로 결정해야 할지, 내가 희망하는 직무를 그 회사에서는 누가 어떻게 하고 있는지'를 궁금해하고, 자세하게 파악하고 싶어한다. 채용 브랜딩은 이런 고민을 해결할 수 있는 수단이 되어야 한다.

회사는 채용 브랜딩을 통해 우리 회사에 관심을 가진 구직자에게 필요로 하는 정보를 제공함으로써 그들을 선발할 수 있다. 5년 전만 하더라도 대기업은 직접 대학교로 찾아가는 캠퍼스 리쿠르팅 투어를 많이 했지만, 코로나로 인해 대부분 온라인 채용 브랜딩 활동을 하고 있다. 대표적으로 소셜미디어(인스타그램, 유튜브, 블로그), 자사 채용(입사 지원) 페이지 그리고 사외 플랫폼인 링크드인(LinkedIn), 사람인 등 구인·구직 플랫폼도 활용하고 있다.

반면 인사 담당자들은 고독하다. 본인의 고민을 회사 내에서 다른 누군가에게 쉽게 공유할 수 없기 때문이다. 그래서 인사 담당은 같은 일을 하는 이들의 모임을 즐겨하곤 한다. 그 안에서 마음을 털기도 하지만 맘속에 고민을 털어놓고 솔루션을 찾기도 한다. 늘 내가 했던 고민, 하는 고민 그리고 해야만 하는 고민의 키워드는 서로 비슷하다. 또 회사의 근무환경은 조금씩 다를지라도 사람을 대하는 일을 하다 보니 변수는 있을지라도 그 고민의 답 또한 비슷했다. 국내 IT 공룡 기업들이 인재들을 모셔 오기 위해 '쩐'의 전쟁의 서막을 울리기 전까지는 말이다.

빈익빈 부익부
인력 채용의 세상

세상은 너무나도 빠르게 진화한다. 비즈니스의 환경도 마찬가지다. 코로나 같은 환경적 변수와 맞물린 급변하는 비즈니스 환경과 일부 산업군이 성장세를 이어가며 우수인재를 회사로 모셔 오기 위한 기업들의 경쟁이 말도 못하게 치열해지고 있다. 특히 '네카라쿠배(네이버, 카카오, 라인, 쿠팡, 배달의민족)'로 대변되는 국내 IT 공룡 기업들이 엄청난 인건비로 우수인재를 모집하기 위한 '쩐'의 전쟁은 그보다 작은 규모의 기업 그리고 그 회사들의 인사 담당자들에게 상당히 큰 챌린지를 가져다주었다. '쩐'이 딸리는 회사가 '쩐'의 전쟁 속에 동참한다는 것은 결국 회사가 무너지고야 마는 자충수가 될 수 있다.

실제 22년 6월, 자금력이 부족하지만 자충수를 두었다가 직원들에게 정리해고를 선언한 모 IT 게임 회사의 슬픈 사례는 모든 조직의 책임자들에게 경각심을 불러일으키기에 충분했다.

'쩐'으로 뺏고 뺏기는 채용시장 환경이 우리나라에만 있는 일일까? 다행인지 불행인지 '채용시장='쩐'의 시장'의 공식은 외국에서도 '달란트 워(Talent War)'라는 워딩으로 대변되고 있다. 미국의 월스트리트저널에 쓰인 기사를 보며 추측하건대 메타(전, 페이스북)는 '쩐'의 전쟁에서 나날이 승전보를 올리는 중임을 알 수 있다. 메타는

MS사의 증강현실(AR) 기술팀의 100명 중 40%에게 2배의 연봉을 제시하여 인재들을 쓸어 담았다고 한다. 또 메타는 애플의 핵심 엔지니어들에게 한국 돈으로 약 2.2억 상당의 자사주를 지급하는 필살기를 통해 채용 전쟁 속에서 최소 100여 명의 인재를 확 쓸어(?) 담았다.

이러한 채용시장의 상황은 '쩐'이 두둑한 대기업과 나머지 기업 간 인재 양극화의 심화를 가져다주었고 나머지 기업들에 심리적 박탈감을 가져다주기도 하였다. 그리고 이러한 상황 속에서 대두된 것 중 하나가 바로 '채용 브랜딩'이다.

▌'쩐'의 전쟁 속에서
▌'채용 브랜딩'을 외치다

과거 근무했던 회사에 처음 입사했을 때 인사 총괄 임무를 수행했던 그는 면접관으로 인터뷰에 참여하게 되면 언제나 슈퍼 '갑'의 위치에 있었다. 한 예로 인터뷰를 진행하다 실수로 본인이 떨어뜨린 펜을 면접자에게 키가 크다는 이유로 주워 달라는 어이없는 행동을 저지르기도 했다. 그는 입사 후 포부에 관한 질문 후 답변을 듣고 면접자에게 비난하며 윽박지르기도 했다. 그런데도 면접자가 겪었던 최악의 경험은 외부에 오픈될 수 없었다. 단지 면접관으로 참여했던 그와 나 혹은 다른 면접관 그리고 면접자만 알고 있을 뿐이었다.

하지만 지금은 다르다. 그때도 틀렸지만 지금 그런 행동을 저지른다면 그는 회사평판 사이트 속에서 매장당하고 말 것이다. 실제로 그는 그런 쌍팔년도 조직에서 있을 만한 그런 행동을 반복하다 회사평판 사이트를 통해 그런 행동들을 알게 된 회사 대표에게 엄청난 질책과 함께 향후 인터뷰에 절대 참여할 수 없게 되었다. 오히려 잘리지 않은 게 다행일 만큼이다.

'쩐'의 전쟁 속에서 면접관과 면접자의 관계는 슈퍼 '갑'과 슈퍼 '을'의 관계에서 최소 동등한 위치 혹은 반대의 위치로 바뀌게 된 것이 현실이다. 오히려 면접자가 펜을 떨어뜨린다면 면접관은 그에게 호감을 사기 위해서라도 떨어진 펜을 바닥에 떨어지기 전에 몸을 날려서라도 받아 그에게 주어야 하는 게 현시점의 현실이다.

자금력이 아주 좋은 회사들 속에서 우리 회사의 위치와 자금력을 생각한다면 대다수의 회사 경영자 혹은 인사 담당자라면 한숨만 나올 것이다. 대다수 회사는 머니 게임으로는 상대가 되지 않는다. 과거에는 면접자가 회사에 매력을 어필하고 호감을 주었지만, 지금은 회사가 직접 적합한 인재를 찾아야 한다. 또 회사는 고객뿐만 아니라 향후 우리 가족이 될 가능성이 있는 면접자들에게 매력을 끌고 호감을 줄 수 있어야 한다. 이것이 우리가 '채용 브랜딩'을 하고자 하는 이유이며 스타트업, 중견기업, 대기업이라는 조직 규모 별 관점에서 '채용 브랜딩'을 살펴보고자 한다.

▌채용 브랜딩이 중요한 이유

스타트업은 중견·대기업과 비교했을 때 기반(infra)과 속도(swift)의 불균형이 존재한다. 중견·대기업은 시스템을 비롯해 사업을 위한 다양한 기반이 갖추어져 있지만, 스타트업은 인프라가 제대로 갖쳐지지 못한 경우가 많다. 속도 면에서는 중견·대기업이 3G라면 스타트업은 5G다. 중견·대기업이 '일'의 타당성을 검토하는 데 시간을 할애한다면 스타트업은 그 시간에 '일'을 계속할 것인지, 그만둬야 할지, 방향을 바꿔야 할지를 결정해야 해서 시간이 없다. 이처럼 스타트업은 중견·대기업과 비교했을 때 억울(?)한 면이 많다.

하지만 모든 기업에 '일 잘하는 좋은 인재'는 간절하다. 중견·대기업에서는 '미래 성장 가능성'을 내세워 인재를 유치하는 스타트업이 부럽고 스타트업은 '사업 안정성'으로 인재를 유혹하는 중견·대기업이 부럽다. 결국 모든 기업에 채용 브랜딩을 통한 인재 유치는 피할 수 없는 공평한 과제이다.

불과 5~10년 전만 해도 대기업에서는 우수한 인재들이 우리 회사에 지원해 주니 걱정이 없었다. 그런데 근래에는 네카라쿠배와 같은 IT 공룡들과 더불어 복지와 멋진 사무공간 등으로 무장한 세련된 스타트업이 등장하면서 중견·대기업 역시 걱정이 많아졌다. 결론적으로 모든 기업에 공평하게 채용 브랜딩은 좋은 인재 선점을 위한 절대적이고 피할 수 없는 과제다.

대한민국 기업들에 채용 브랜딩이란 기업의 진정성을 구직자에게 보여 줄 수 있는 기회이다. 충분한 전문성을 갖춘 회사로 함께 나아가기 좋은 회사라는 것을 어필할 수 있는 것이 바로 채용 브랜딩이다. 또 함께하고 싶은 구성원들로 가득 채워진 공간. 그로 인해 회사가 단순 9 to 6, 하루 9시간을 때우며 돈만 벌어가는 곳이 아닌 사람을 만나고 동료들과 함께 일하며 즐길 수 있는 공간이라는 것을 느끼게 해 줄 수 있는 것이 바로 채용 브랜딩이다.

채용 브랜딩의
방향 설계

브랜딩은 원래 마케팅에서 사용하는 용어이며 최근 모집-선발-배치의 채용 과정에서도 브랜드 이미지를 접목하여 우수인재 확보와 지원자들에게 회사의 긍정적 이미지를 확산시키고자 하는 것이다. 이러한 채용 브랜딩을 진행하기에 앞서 방향을 명확히 잡아야 하는 것은 필수다.

다시 말해 채용 브랜딩을 진행하기 위한 전제조건으로 채용시장 환경과 우리 회사의 채용전략과 필살기를 파악하고 있어야 한다. 무작정 도로에 있는 택시를 타고 "기사님, 어디로 가는지 혹시 아세요?"라고 묻는다면 어플로 호출한 택시가 아니고서는 당연히 모른다고 할 것이다. 어떤 기획이든 마찬가지지만 방향성 없는 기획은 아무런 의미가 없다. 만약 초반에 파운데이션을 다져 놓지 않는다면 당신이 투자한 시간은 가비지(쓰레기) 타임이 될 것이고 회사가 당신에게 투자한 인건비는 회사 차원에서도 매몰 비용이 되고야 말 것이다.

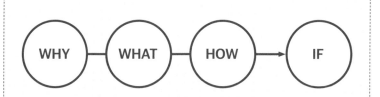

❶ WHY   너희 회사에 채용 브랜딩을 하고자 하는 이유가 뭐야?
❷ WHAT 알았어! 그럼 이 작업을 하기 위해 무엇을 하고 싶은데?
❸ HOW   그럼 네가 하고 싶은 것을 어떻게 실행하고 싶어?
❹ IF   그럼 이거를 하면 너희 회사 그리고 채용 파트에 어떤 영향을 미치는
         건데?

위와 같은 흐름으로 채용 브랜딩을 진행하고자 하는 방향성을 잡아야 한다. 이 흐름은 채용 브랜딩을 선행하기에 앞서 하나로 묶어 주는 접착제 역할을 할 것이다. 기업의 브랜딩을 대신해 주는 최고 에이전시들의 공통점은 바로 결과뿐만 아니라 과정을 보여 줌으로써 이미 고객들을 설득한다는 점이다. 단순히 네모난 배경을 둥그스름하게 고치며 비용을 청구하는 것이 아니라 왜 저 각도의 r 값이 나왔는지까지 누구라도 설득할 수 있는 논리와 과정을 만든다. 채용 브랜딩에 투영해 보자. 최소한 내부 고객인 직원들과 외부 고객인 구직자에게 과정을 보여 줌으로써 그들을 설득할 수 있어야 한다. 이러한 선행 활동들은 새로운 인재들을 유입하는 데 도움을 줄 수 있을 뿐만 아니라 기존 직원 유지(Retention)를 하는데 긍정적인 영향을 미칠 것이다.

Inner Voice Management

자금력이 풍부하거나 인지도가 높은 일부 기업들을 제외한 대다수 기업은 구직자와의 관계에서 슈퍼 '을'로 보여지는 것이 현실이다. 투자금을 유치하여 명줄을 끌고 있는 스타트업의 입장에서는 더욱더 그렇다. 자금력이 부족하고 보여 줄 것이 없는 상황에서 '스타트업스러움'의 대명사 수평적 조직문화만으로는 그들을 끌어들이기에는 어려움이 있다. 특히 본질이 없는 허울뿐인 수평적 조직문화를 형성한 스타트업은 더욱더 그럴 것이다.

채용 브랜딩의 흐름을 잡았다면 이제는 내부 직원의 소리(Voice)에 집중해야 한다. 남들이 보기에 아무리 예쁜 그림과 보기 좋은 미사여구를 붙여 놓아도 내부 직원의 소리 하나면 힘들게 쌓은 공든탑이 와르르 무너져 버리기 때문이다. 당신에게 어떤 회사에서 인터뷰 제의가 왔다고 가정해 보자. 아마 당신은 채용 사이트를 찾아 올라온 채용공고를 확인한 후 바로 잡플래닛 혹은 블라인드로 달려갈 것이다. 여기서 이미 게임오버가 될지도 모른다.

기업 평판 사이트를 보고 평점을 먼저 볼 것이고 이 평점이 바로 당신이 지원할지 말지를 결정하는 커다란 척도가 될 것이 분명하다. 기업 평판 사이트의 평점을 결정하는 것은 누구인가? 바로 당신 옆에서 일하고 있는 직원들이다. 직원들의 소리는 오프라인에서는 잘 보여지지 않으나 온라인에서는 잘 드러낸다. 그래서 직원들의 소리를 평소에도 잘 귀담아들어야 하는 것이다. 그들의 불만을 해소해주는 것과 그들이 우리 회사의 장점이라고 생각하는 것들이 채용 브랜딩의 방법(How)에 대한 정의와 핵심 가치(Core-Value)로 연결될 것이다.

회사 관리자들은 내부 고객인 직원들과의 접점을 마련하는데 조심스럽게 애써야 한다. 우리가 현재 사는 세상의 직원들은 대부분 MZ세대이며 그들의 특성과 니즈를 잘 헤아려야만 한다. 혹시 퇴근 시간 후 그들을 삼겹살집으로 불러 이야기를 들어주겠다고 생각해 봤는가? 소주 한 잔 따라 주며 으쌰으쌰! 하자고 하지는 않았나? 멈춰라. 그러다 직장 내 괴롭힘으로 신고당할지도 모른다. 과거 X세대들이 사회 초년생 때 겪었던 방식대로 하다가는 역효과만 가져올 것이다. 시대가 바뀌었다. 현시대의 MZ세대들과 X세대가 살아온 세상은 다르다. 그래서 그들의 특성에 부정적인 시각이 있었다면 당장 멈춰야 한다.

물론 세대를 구분하기에 앞서 그들도 우리와 같은 사람이다. 우리도 근무 시간에 사무공간을 잠시 이탈하면 힐링이 되지 않는가? 그들도 마찬가지다. 내부 직원들과 소통할 때는 업무 영역에서 잠시라도 벗어나 다른 물리적 공간에서 소통하자. 그렇다면 그들의 마음을 더 오픈시킬 수 있다. 즉, 회의실보다는 회사 주변 커피숍 같은 곳에서 티타임을 가지며 그들의 소리에 귀 기울여 줘야 한다.

또 온라인에서도 큰 노력을 기울여야 하는데 직원들의 목소리를 자주 들을 수 있도록 소통 창구를 열어놓는 것도 방법이다.

모 제조 회사에서 직원들과의 소통을 위해 온라인 채널에 한 공지글

> 해당 게시판은 전사 임직원분들의 소리를 듣고 중요한 사안들에 대해 파악, 해결하자는 취지로 만든 공간입니다.
>
> 기존 ❶ 임직원 칭찬, ❷ 개선 요청 사항, ❸ 솔루션 개진 카테고리에 추가로 ❹ 고충 접수 카테고리를 신설했습니다.
>
> 임직원분들의 근무 중에 발생할 수 있는 각종 고충에 대해 정확하게 확인하고 필요한 조치를 취하기 위함이며, ❹ 고충 접수 카테고리로 들어온 건에 대해서는 아래 선임된 고충 처리 위원 외에는 열람이 불가능합니다. (조사 이전 限)
>
> ❹ 고충 접수 카테고리로 접수 시 사안에 대한 해결을 위해 대상자 정보 등을 구체적으로 작성 부탁드리며, 실명으로 작성 시에도 어떠한 불이익이 없음을 사전에 말씀드립니다.

윗글은 소통에 대한 관점에서 여러 시사점을 준다. 특히 대한민국의 가장 보수적인 제조 분야의 회사에서 공지를 했다는 것은 소통을 바라보는 패러다임이 점점 변화하고 있다는 것을 뜻한다. 과거에는 사내 게시판과 같은 채널을 만들어 직원들과 소통하는 것이 조용히 넘어갈 수 있는 직원 개개인 혹은 회사의 이슈를 수면 위로 올린다는 시선이 대다수였다.

하지만 현재 상황에서의 사내 채널을 오픈하는 것은 긍정적으로 보는 시선들이 많아지고 있다. 작게는 회사의 채용 이미지를 깎아먹을 수 있는 사항들을 사전에 차단한다. 크게는 노무적으로도 이슈화될 수 있는 회사의 잠재적 리스크까지 사내에서 해소하는 처방전이 되어 준다. 여러 방면에서 직원들의 목소리를 귀담아들을 수 있는 방향에 대해 섬세하게 헤아릴 필요가 있는 것이다.

IT가 대한민국에 활성화되며 삶의 방식에 많은 변화를 주었다. 사람들에게는 세대 간 차이가 드러나게 만드는 데 영향을 주었다. 또 지식 획득 방향에도 모바일 앱이나 SNS를 통해 더 쉽게 정보에 다가갈 수 있도록 도움을 주었다. 기업은 채용 브랜딩 작업의 용이성을 위해서라도 온라인 평판 관리에 힘쓰는 동시에 직원들의 마음을 항상 섬세히 만져 줄 수 있어야 한다.

온라인 평판 관리의 주체는 외부 고객이 아닌 내부 고객인 직원이다. 우리는 그들의 진정성 있는 목소리에 귀 기울여야만 한다. 특히 회사가 가지고 있는 철학 및 나아가고 있는 방향과 내부 직원들이 생각하는 방향성이 일치하는지를 살펴보고 헤아린다면 더 나은 온라인 평판 관리를 이루어 내는 것이 더욱 가능할 것이다.

우리 회사만의 채용 브랜딩, 답은 내부에 있다.

스타트업 실전 Note

스타트업이
뭐길래

바야흐로 최근 3년은 스타트업이란 단어가 시도 때도 없이 불리던 시기였다. 새로 생겨나는 신생 벤처 기업을 의미하기도 하고 또 한편으로는 IT 기술 기반의 WEB이나 APP 서비스 회사를 의미하기도 한다. 90년대 후반 창업 붐과 함께 미국 실리콘밸리에서 처음 쓰였으며 처음에는 기술(Tech) 기반의 벤처 기업들을 대상으로 스타트업이라고 했다. 처음 생긴 회사이니 번뜩이는 아이디어는 있으나 자본금은 부족하거나 부족을 넘어선 바닥일 수밖에 없는 것이 바로 스타트업이다. 고성장, 고가치를 기대하던 스타트업은 성장에도 6단계의 성장 흐름이 있고 이를 J 커브(J-Curve) 모형을 통해 살펴볼 수 있다.

스타트업 J 커브

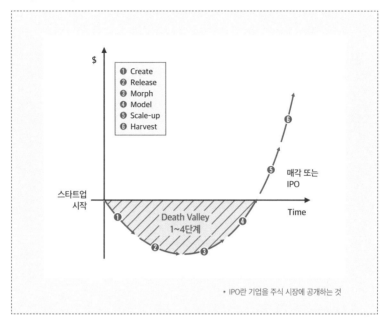

위에서 언급한 스타트업 J 커브는 하워드 러브(Howard Love)가 《The Start-Up J Curve》라는 책에서 제시한 개념이다. 즉, 스타트업 성장 모형으로 스타트업이 창업부터 EXIT(투자금 회수)까지 J자형의 성장 곡선을 그린다는 이론이다. 성공한 유니콘 기업들의 성장 과정에 J 커브 패턴을 적용해 볼 수 있어 널리 알려진 이론이다. 총 6단계로 구성되어 있으며 한 단계 한 단계 살펴보자.

❶ Create(창업 시작) 창업 시작 단계로 사람, 돈과 아이디어가 핵심 요소인 단계이다.

❷ Release(시제품 출시) 시제품을 출시했으니 이제 고객의 소리를 잘 들어봐야 하는 단계로, 고객의 소리를 잘 들으면 당연히 우리 회사의 제품이나 서비스 방향 설정에 큰 도움이 된다.

❸ Porph(변화와 전환) 고객 혹은 시장의 피드백을 계속 받으면, 우리 사업의 제품이나 방향성을 소비자에게 최적화할 수 있지 않을까? 3단계에서는 바로 이를 최적화할 수 있는 단계이다.

❹ Model(비즈니스 모델 수립) 우리 회사가 속한 시장 경제와 산업을 이해함으로써 추후 성장을 하면 더욱더 큰 이익을 도출시킬 수 있게 바로 수익 구조를 만들 필요를 느낄 수 있는 단계이다.

❺ Scale-Up(스케일업) 쓰는 비용이 줄어드는 데 반해 성과는 올라가는 시점으로, 인사이트와 경험을 바탕으로 하여 사업을 본격적으로 성장시키는 단계이다.

❻ Harvest(수익 창출) 스타트업이 마침내 안정화가 되는 단계로 수익이 발생하는 시점을 말한다.

이렇게 성장 주기를 잘 살펴보면 스타트업의 흐름 혹은 성장을 이해하는 데 도움이 된다. 6단계 중 크게 두 번의 위기가 다가오는데 죽음의 계곡(Valley of Death)과 스케일업 단계로 나눌 수 있다. 죽음의 계곡은 창업 초기 2~4단계(시제품 출시~비즈니스 최적화) 사이에서 흔히 겪는 긴 슬럼프를 말한다. 냉철함과 차가운 머리를 기반으로 한 마켓 테스트가 중요하며 시장 피드백에 귀를 기울이며 필요시 빠르게 방향을 바꾸는 것이 큰 도움이 될 것이다. 죽음의 계곡을 무사히 넘겨도, 위기는 5단계인 스케일업 단계에서 한 번 더 찾아올수 있다. 특히 혁신적인 기술을 활용한 사업을 하는 스타트업은 고객들이 새로운 기술에 익숙해지기까지 시간이 걸리는 상황을 마주할 수 있다.

스타트업의 특징과 채용 시 고려 사항

스타트업의 특징에 대해 언급하면 대부분 '빠르다', '도전적이다', '열정적이다'와 같은 진부하거나 애매모호한 워딩만을 늘어놓는다. 물론 맞는 말이기도 하다. 하지만 스타트업도 그 안에서 단계에 따라 세분화할 수 있다. 앞에서 언급한 스타트업 J 커브로 구분하여 표현할 수도 있고 투자받은 금액이나 인원의 규모에 따라 4단계로 스타트업을 구분하여 정의해 볼 수도 있다.

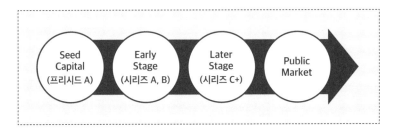

❶ Seed Capital(프리시드 A)

30명 정도 규모까지의 인원이 속한 스타트업으로 달러 기준 1M~2M의 투자를 받은 회사가 보통이다. 살아남는 게 중요하기 때문에 투입량(Input) 대비 산출량(Output)에 목숨을 거는 단계이기도 하다. 인사 관점에서는 CEO가 인사의 모든 것을 다 책임지며 경영관리팀과 같은 형태로 재무와 인사가 혼용된 단계이다. 그래서 인사 담당자나 재무 담당자의 경우 업무의 깊이는 상대적으로 얕은 커리어를 만들어 갈 수밖에 없다. 왜냐하면 업무의 범위(Range)가 넓기 때문이다. 또 노무나 급여 작업 같은 업무는 한정된 인적 리소스를 이유로 외부 대행을 하는 것이 보편적이다. 이런 조직에서는 어떤 인재상이 필요할까? 한정된 인원으로 업무에 대응해야 해서 책임감 있고 실무를 잘 칠 수 있는 사람이 필요하다. 그러기에 대기업보다는 중소기업 혹은 또 다른 스타트업에서 업무를 이행했던 인원이 필요한 것이다. 대기업의 경우 인원들의 역할과 책임(R&R) 자체가 업무의 규모(Scope)보다 좁은 경우가 많아서 중소기업 혹은 스타트업에 종사했던 인원이 필요한 인재상이다.

❷ Early Stage(시리즈 A, B)

30명부터 100명 정도까지의 인원이 속한 스타트업으로 시리즈 A 기업의 평균 투자받은 금액은 달러 기준으로 15.6M 정도, 시리즈 B의 평균 투자받은 금액은 달러 기준 33M 정도 된다. 해당 스테이지는 (어느 단계나 마찬가지지만 특히) 고객과 매출의 계속 확대를 위해 큰 노력이 필수인 구간이다. 다시 말해 J 커브 관점에서 속도가 확 붙는 구간이기도 하다. 이 정도 단계나 인원수가 생기면 회사의 대표가 혼자서는 HR을 이끌어 가기는 힘이 들 수밖에 없다. 또 인사와 회계 업무가 한 사람만으로 공존하기 어렵기도 하다. 이 말은 Seed Capital(프리시드 A) 단계보다는 역할과 책임(R&R)의 규모(Scope)가 좁아진다는 말이기도 하다. 그래서 사람의 채용에 있어서는 매출과 고객 확대를 위해 계속 노력이 필요하므로 빠른 성장을 이끌어 갈 수 있는 성장형 리더가 필요한 인재상이다.

❸ Later Stage(시리즈 C+)

100명부터 1,000명까지의 인원이 속한 스타트업으로 해당 구간 회사들의 평균 투자액은 59M(달러 기준) 정도이다. 해당 스테이지의 회사들은 상장 준비 혹은 M&A를 위해 IR 팀의 구성(Set-up)이 필요해지기도 한다. 인원의 수가 급격히 커진 시점이기 때문에 조직 간 소통의 필요성이 증대되기도 하고, 소통 혹은 커뮤니케이션이라는 키워드가 필요한 인재상의 역량 중 하나가 되기도 한다. 또 회사가 커진 만큼 효과적인 채용을 위한 채용 브랜드 활동이 더욱 강조되는 지점이며, 독자적으로 채용을 할 수 있는 채용팀 구성이 필요한 시점이기도 하다. 보통 채용팀의 경우 이 정도 단계에서는 Biz-Recruit 팀과 Tech-Recruit 팀으로 세분화하여 운영한다. 채용 브랜드 강화와 관련해서는 뒤에 좋은 사례가 있으니 해당 페이지에서 참고하기를 권장한다.

❹ Public Market

1,000명 이상 인원이 속한 규모의 스타트업으로, 보통은 상장 작업을 진행하고 상장 후 성장을 가속하기 위해 큰 노력이 필요한 단계의 스타트업을 의미한다. 이 단계에서는 조직의 규모가 이전 대비 확 늘어날 수밖에 없는 상황이기에 개인과 개인 간, 팀과 팀 간, 조직과 조직 간 소통이 중요할 수밖에 없을 것이다. 회사에서는 임원이 많아질 수밖에 없는 상황이 될 것이다. 이 시점에 잘못된 미꾸라지 한 마리를 채용하면 물 흐리는 규모 역시 조직의 크기에 맞추어 커지므로 정확한 인재를 채용할 수 있도록 주의를 기울여야 한다. 즉, 해당 시점에 회사에 적합한 인재상 도출, 질문 문항 개발 및 면접관 교육과 같은 올바른 인재를 채용하기 위한 제도나 시스템 마련이 필요해지는 시점이다. 이 시점에 꼭 필요한 인재는 직원 관점에서는 하나의 직무를 콕 집어 전문적으로 이행할 수 있는 전문가가 필요하다. 또 회사가 커졌기 때문에 대기업과 같이 큰 조직 혹은 많은 사람을 관리하고 케어를 경험해 본 임원들이 회사에 필요한 인재다.

스타트업의
채용에 대한 3문 3답

Q 빠른 채용이 좋을까? 정확한 채용이 좋을까?

A 세상에 좋은 인재는 많다. 그러나 잘못된 사람도 많다. 그리고 좋은 인재를 채용했을 때보다 잘못된 사람을 채용했을 때 회사는 훨씬 더 큰 영향력을 받는다. 귤 한 상자를 샀다고 가정해 보자. 그런데 1개의 썩은 귤이 포함되어 있었다. 그럼 그 귤 한 상자의 또 다른 귤들은 금방 썩어 갈 것이다. 조직이라는 것은 그렇다. 인원이 적으면 한 사람의 영향력이 크기 때문에 사람이 중요하며 조직이 커지면 한 사람의 부정적인 요소가 조직에 쉽게 전파될 수 있으며 사람의 중요함을 느낄 것이다. 즉, 빠른 채용보다는 정확한 채용이 중요하다.

Q 스타트업에서 인원을 채용할 때 반드시 고려해야 할 것은?

A 두 가지를 말하고 싶다. 첫째, 업무 능력이다. 스타트업과 대기업의 차이는 업무의 규모이다. 스타트업 담당자의 업무 영역은 무궁무진하게 넓다. 일당백이라고 할까? 혼자서 해야 할 업무가 너무 많기 때문이다. 혼자서 해야 할 업무가 많다는 것은 책임져야 할 범위가 넓다는 것이고 그래서 그 직원의 업무는 그 사람을 믿을 수밖에 없고 그 사람에게 의존할 수밖에 없다. 실제로 어떤 포지션을 채용할 때 스타트업에서는 그 포지션을 경험해 본 사람이 없어 인터뷰를 실행하면서 직무역량 체크를 할 때 애를 먹기도 한다. 그래서

업무 능력은 필수이며 회사에 없는 직무의 인원을 채용하게 되면 그 일을 해 본 사람을 주변에서 수급하여 아르바이트 비용을 주더라도 데려와서 반드시 실무 능력 체크를 해야 한다.

둘째, 책임감이다. 왜냐하면 혼자서 해야 할 업무의 범위가 넓다는 것은 그만큼 책임감이 필수이기 때문이다. 책임감이 없는 인원은 본인의 업무를 망치게 될 것이며 이는 회사에 구멍으로 이어져 큰 손실을 가져다줄 것이기 때문이다. 그래서 스타트업에서 인성이라는 부분을 평가할 때 반드시 평가해야 할 항목은 책임감이다.

Q 3,000만 원의 인재 3명 vs 9,000만 원의 인재 1명?

A 직무에 따라 다르다. 높은 난이도가 필요하지 않은 단순 업무의 경우라면 가성비 위주의 직원을 선발할 것이다. 하지만 개발과 같은 높은 난이도의 직무 혹은 회사의 방향성을 결정할 수 있는 위치의 직무라고 한다면 가성비보다는 업무 효율성이 높은 인원을 택해야 한다. 이유는 높은 난이도의 업무가 아니라면 결국 인원의 투입량과 업무의 성과가 어느 정도 비례할 것이다. 하지만 후자의 경우 잘못된 선택을 하게 되면 회사의 방향성 차원에서 피해를 가져다줄 수 있기 때문이다. 그래서 직무에 따라 다른 선택을 해야 한다.

스타트업을 알고 싶다면 스타트업의 성장 흐름부터 이해하자.

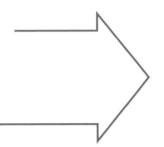

Design
면접 문항과
면접 운영

스타트업에서는 면접 문항 개발을 위해 실제로 할애하거나 투자할 시간이 없다. 인사전문가가 없는 경우도 많다. 인원이 한정되어 있기 때문이다. 면접을 볼 시간조차 없을 수도 있으며 면접관조차 어떤 질문을 해야 할지 모르는 경우가 많다. 필자가 처음 스타트업에 입사했을 때 했던 업무 중 하나는 대표님과 미팅 후 간단하게 우리 회사에 필요한 인재상을 산출해 냈다. 또 부서별로 라운딩하면서 팀장들과의 미팅을 통해 직무에 필요한 역량들을 뽑아냈다. 이번에 소개하는 내용이 참고가 되길 바란다.

평가표의 항목은 면접의 진행 방향과도 일치한다.

❶ 소개 및 지원 의지 확인

면접 준비를 얼마나 열심히 해왔는지 판단할 수 있는 항목이다. 즉, 지원자분들의 성실성과도 연계되기도 하여 신입 지원자의 경우는 가장 중요하게 살펴보는 질문 항목이다. 본인 소개, 회사에 대한 지식, 지원 동기들이 주요 문의 사항이다.

❷ 성격 및 가치관

지원자의 성격 및 회사를 선택하는 데 중시하는 가치를 확인하는 구간이다. 이직 사유와도 연계 질문을 할 수 있으며 지원자와 회사를 위해서 이직 사유나 회사를 보는 기준이 우리 회사와 일치하는지 그리고 지원자가 우리 회사에 입사했을 때 해결해 줄 수 있는지를 반드시 살펴봐야 한다. 해결해 주지 못한다면 입사하더라도 장기근속으로 이어지지 못할 가능성이 다분하다.

❸ 업무 필요 역량

인터뷰를 진행하는 포지션에서 꼭 필요한 역량을 기준으로 질문을 설정하였다. 인터뷰 시 어떤 직무를 인터뷰하든 최소한 다른 질문들은 일치하더라도 역량에 관한 질문에서 차별화된 질문을 할 수 있어야 한다.

❹ 경력 관련 질문

경력자만 해당하는 질문 구간이다. 경력에 관한 질문은 실무 현업 부서장 혹은 현업 전문가가 질문을 하는 것이 적합하다. 왜냐하면 그들과 일하게 될 것이고 그들이 우리 회사의 해당 분야 전문가이기 때문이다. 하지만 스타트업의 경우 한정된 인원으로 조직을 운영함으로써 실무 전문가가 없는 일도 있다. 이때는 질문 리스트 중 하나인 우리 회사에 당면한 과제나 프로젝트에 대하여 질문을 하며 어떻게 풀어갈지를 묻는다면 비전문가로서 인터뷰를 진행하며 적합한 인원을 채용하는 데 도움이 될 것이다.

❺ 마무리

인터뷰를 마무리하는 시간이다. 입사 가능일, 타사 지원 여부, 문의 사항 등을 확인하는 구간이다. 참고로 문의 사항을 통해 지원자가 인터뷰에 응하는 깊이를 한 번 더 확인할 수 있으므로 마지막까지 긴장 풀지 말고 인터뷰에 응할 필요가 있다.

평가 척도는 5점 척도법을 사용하였으며 평가자들이 조금이라도 수월하게 평가를 진행할 수 있도록 평가 기준 점수마다 각 정성적 기준을 설정하였다. 질문은 크게 10가지로 구분을 지어 놨으며 필자가 속한 조직에서는 최소 80~90점 이상 시 채용 검토 대상으로 고려, 90점 이상일 경우는 채용 적합 대상으로 설정하였다. 또 71~80점 구간의 대상자는 부적합 대상자, 70점 이하는 부적합 확정 대상자로 기준점을 설정하였다.

이처럼 면접관 교육의 진행은커녕 면접관을 참여할 시간과 인적 자원조차 부족한 초기 스타트업의 경우 올바른 사람을 채용하기에는 많은 어려움이 있을 수밖에 없다. 부족할 수도 있겠지만 해당 평가표를 조직에 활용한다면 그나마 도움이 될 수 있을 것으로 판단한다. 올바른 사람(Right People)을 채용해야 고성과자(High Performer)로 키울 수 있다. 그러려면 최소한으로 사람을 걸러 보는 도구는 필수이기에 인사 담당자를 두기 여의찮은 스타트업 조직에서는 해당 면접 도구를 활용해 보자.

그냥 그림을 그리는 것과 기름종이를 대고 그림을 그리는 것 중 어떤 것이 편할까?

모르겠으면 잘되어 있는 사례부터 살펴보고 우리 회사에 하나씩 적용해 보자.

이 책의 저자가 제공하는 면접평가표이다. 각자 회사에 맞춰서 사용하길 바란다.

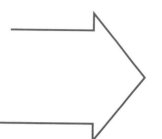

Job-Posting
잘 나가는 스타트업의 채용공고

잘 나가는 스타트업은 다 이유가 있는 법! 잘 나가는 스타트업의 채용공고 비결을 3가지로 짚어보고자 한다.

▌특징 ❶
▌잘 나가는 스타트업, 끝은 어디인가?

스타트업의 채용공고 중 가장 많이 쓰이는 포인트는 '성장'이라는 키워드다. 즉, 사람을 끌어들이는 요소가 성장이기 때문에 해당 요소를 많이 강조하곤 한다. 모든 채용공고가 그렇듯이 스타트업의 채용공고 역시 나를 잘 가꾸고 가꿔진 모습을 보여 주는 것은 기본이며 지금 지원하지 않으면 실크로드로 향하는 버스에 다른 이가 탑승할 수 있다고 어필할 수 있는 그런 채용공고를 작성해야 한다. 이런 어필할 수 있는 스타트업의 채용공고 중 포인트 별로 좋은 사례들을 소개하고자 한다.

㈜알닭은 어떤 브랜드인가?

㈜알닭은 2011년 설립한 닭가슴살 전문 회사입니다.

지난 12년간 꾸준한 성장으로 닭가슴살 최고의 브랜드 자리를 놓치지 않았으며 6년 연속 한국소비자만족지수 식품(닭가슴살) 부문에서

1위(2017~2022년)를 수상했습니다.

또한, 2019년 자체 가정 간편식 브랜드를 런칭했으며

2020년에는 ㈜알소와 MOU를 체결해 가정 간편식을 출시해 3개월 만에 일 매출 1억에 가까운 실적을 달성했습니다.

㈜알닭은 AI 시스템을 개발하여 효율적인 판매 및 조직 운영을 하고 있으며 소비자들에게 좀 더 건강하고 질 좋은 제품을 가성비 있게

제공하고자 노력하고 있습니다.

> 알닭, 2022년 1조 매출 달성

> 알닭, 2023 한국구매자만족지수 1위 12년 연속 수상

> 알닭, 연간 누적 판매 5천만개 돌파 '1분 120개씩 판매'

> 알닭, ○○벤처스 및 ○○금융 투자 유치

2023년 한국 대표 최우수기업 인증	2023년 서울시 우수기업라이징스타 선정
2023년 벤처기업인증	2023년 구매자가 뽑은 한국구매자만족지수 1위

회사의 성장을 연도순으로 순차적 제시

해당 조직은 이름만 말하면 누구나 알 수 있는 닭가슴살 전문 스타트업이다. 회사의 성장을 2011년부터 현재까지 연도순으로 하나의 스토리텔링을 하며 작성한 점이 특징이다. 특히 최근 2년간의 실적들에 대해서는 나름 정량화하여 표시하였다. 또 인증 사항에 대해 개별적으로 표시한 부분이 인상적이다. 즉, 해당 소개글은 회사가 점차 성장하고 있으니 성장하고 있는 우리와 함께하자는 부분을 강조한 것이다. 시각화에 신경을 덜 쓴 부분은 아쉽지만 사실상 포인트를 줘야 할 부분에 대해서는 도형 및 회사의 로고 색상을 활용하여 작성한 것은 꽤 임팩트가 있는 사항들이다.

끊임없는 기술개발(R&D)을 바탕으로
혁신 주도 및 지속 성장하는 IT 기업

약 200명의
임직원 중 60% 이상이
연구개발 인력으로
편재된 연구개발 중심 기업

약 800억이 넘는
매출액 중 25% 이상을
연구개발 비용으로
투자하는 기업

사내 프로젝트 규정을 통해
개발된 신기술은 특허 등록과
포상 전폭 지원

기술력과
잠재력을 인정받은
KOSDAQ 상장 기업

시각화 + 짧고 명쾌한 채용공고

이 채용공고의 조직은 연구개발 위주의 IT 회사이다. 회사는 계속 성장하고 있으며 기술력까지 인정받은 코스닥 상장 업체이다. 이 회사 채용공고의 어필 포인트는 시각적으로 눈에 잘 띄도록 인포그래픽화한 부분이다. 특히 회사의 성장성을 인포그래픽화하여 한눈에 잘 들어오도록 표기하였다. 짧고 명쾌하게 회사의 어필 포인트를 제시하였다. 이처럼 길지 않더라도 짧고 명쾌한 채용공고가 눈에 잘 들어올 수 있음을 잊지 말자.

특징 ❷
우리 회사에 필요한 사람은 누구?

잘 나가는 스타트업의 채용공고에는 정확히 그들이 필요로 하는 사람에 대한 기준이 명확히 표기되어 있다. 스타트업의 경우 회사의 규모상 인력의 수가 한정적일 수밖에 없다. 이 말은 미꾸라지 한 마리를 잘못 채용했다가는 회사 전체의 물을 흐린다는 것을 전제한다. 싱싱한 사과 상자 속에 한두 개의 썩은 사과가 있듯이 어느 조직이든 5% 정도의 썩은 사과는 있다. 이 썩은 사과의 영향력은 조직의 규모가 작을수록 인원수가 작은 조직에 더 부정적 영향을 초래할 것으로 생각한다. 그러므로 정확하게 우리 조직에 필요한 인재가 어떤지를 기준화하고 구직자에게도 채용공고를 통해 명시화해야 회사와 구직자 간 회사에 적합한 사람인지 판단할 수 있게 될 것이다. 그래야 썩은 사과, 미꾸라지가 조직에 생겨나는 것을 최소화할 수 있을 것이다. 다음 내용들은 채용공고에서 구직자에게 더 정확한 정보를 제공하며 우리 조직에 적합한 사람인지를 안내해 준 내용들이다.

나 잘 할 수 있을까	YES	NO
"새로운 배움은 언제나 환영입니다!" 새로운 것을 배우는 게 전혀 두렵지 않으며 계속적으로 성장해 가는 과정이 즐겁습니다.		
"최선을 다한 결과가 이것입니까?!" 내가 맡은 일을 더 잘 할 수 있도록 끊임없이 고민합니다.		
"우린 함께인 거야. 언제까지나!" 나는 동료들과 함께 할 때 두려울 것이 없습니다.		

YES가 3개면 당신은 무조건 ㈜알닭의 가족!

LET'S BE THE STAR

변화를 주도하는 STAR	· 자신의 업무를 주도적으로 실행하고 열린 사고로 유연하게 생각하는 사람 · 계획에만 빠지지 않고 실행으로 옮기는 사람
목적을 달성하는 STAR	· 높은 도전 목표를 설정하고 맡은 바 책임을 다하는 사람 · 업무에 대해 긍지와 자부심을 가지고 회사의 목표 달성에 기여하는 사람
조화로운 STAR	· 파이터가 아닌 파트너로서 다양한 관점을 존중하는 사람 · 신뢰와 존중을 통해 협업하는 사람

회사가 원하는 인재상을 채용공고에 안내한 사례

첫 번째 사례는 회사의 색깔과 회사가 모시고 싶어하는 인재상
을 채용공고 맨 하단에 퀴즈를 통해 간접적으로 담았다. 예측건대

이 회사는 배움에 대한 열정, 업무에 대한 집요함, 동료들과의 관계까지 이 3가지를 중시하는 회사로 보인다. 지원 전 이 3가지를 들여다보게 함으로써 구직자들에게 '우리 회사는 이런 인재를 모시고 싶어해'라는 메시지를 전달한 것이다. 반면 두 번째 사례는 직접적인 인재상의 메시지를 담았다. 'Let's Be STAR'와 같은 슬로건을 기반으로 인재상을 표현한 부분이 인상적이다.

이런 분과 함께하고 싶어요

· 문제 해결을 위해 정의한 전략, 비전, 미션부터 비즈니스 임팩트까지 연결되는 과정이 논리적이고 합리적인 분이 필요해요.
· 강한 추진력을 기반으로 어려운 미션, 도전적인 목표 아래에서도 반드시 임팩트를 만들어내고야 마는 분이면 좋아요.
· 시장에서 엣지 있는 제품을 기획하고 직접 실행시켜 보신 분이 필요해요. 다수의 업체들과 일정관리, 프로젝트 매니징 역량이 우수한 분이 필요해요.
· 고객의 입장에서 문제를 정의하며 해결해 본 경험이 있으면 좋아요.
  결제 디바이스에 대한 경험이 있다면 가장 좋고 그 외에도 하드웨어에 대한 인사이트가 있다면 더 좋아요.

이력서는 이렇게 작성하시는 걸 추천해요

· 복잡한 난이도의 제품을 다뤄 보신 경험이 있으시다면 꼭 적어 주세요.
· 수행하신 업무의 단순 나열이 아닌 임팩트 및 러닝 포인트가 파악되어야 해요.
· 본인이 직접적으로 기여하여 수치적으로 성과를 달성해 보신 경험이나 사업적 지표의 개선 여부를 표현해 주세요.

㈜알닭으로의 합류 여정

이력서는 이렇게 써 주세요

글이 길어 가독성은 떨어지나 문장으로 직무에 적합한 구직자를 자세히 풀어놓은 것이 인상적이며 성의가 있어 보인다. 특히 채용공고를 올린 조직에서 해당 직무를 수행하는 데 필요한 역량(기술, 태도, 지식)을 잘 풀어놓은 것이 인상적이다. 또한 이력서 작성에도 회사가 보고 싶어하는 기준들을 나열하여 해당 내용을 바탕으로 작성해 달라는 문장들 또한 인상적이다. 스타트업에서 이 정도까지 하기는 쉽지 않을 수 있으나 한 번쯤 도전해 볼 만한 가치가 있지 않을까?

특징 ❸
하고자 하는 일이 명확해요

담당업무
· 목표 달성을 위한 컬리뷰티 온사이트 프로모션 전략 수립 및 실행
· 연/분기/월별 온사이트 운영 전략 모색
· 온사이트 프로모션/이벤트 기획 및 운영(쿠폰 및 할인 등)
· 프로모션 성과분석 및 개선안 도출
· 프로모션(상품) 구좌 배치 및 운영
· 관련 업무 매뉴얼 및 제안서 작성

자격요건
· 리테일 및 이커머스 산업에서 유관 경력 5년 이상이신 분
· 이커머스 프로모션 경력이 2년 이상이신 분
· 뷰티 카테고리 MD or 마케팅 경험이 있으신 분
· 이커머스 프로모션을 통한 매출 증진 경험을 보유하신 분
· 전략적이고 구조화된 데이터 기반의 사고가 있으신 분
· MD, 디자인, 개발, 마케팅 등 다양한 직군과 원활한 소통이 가능하신 분
· 데이터 기반의 정량적 근거 제시가 가능하신 분

- 지속적이고 도전하고 배우며 성장할 의지가 강하신 분
- 꼼꼼한 업무 처리 능력과 강한 책임감을 갖추신 분

우대사항
- Amplitude 등 분석 툴을 사용해 본 경험이 있으신 분
- 온라인 커머스에 대한 이해도가 높고 쇼핑을 즐기시는 분
- 이커머스 및 리테일 관련 업종에 종사하신 분
- IT, 이커머스, 마케팅, 라이프 스타일 등의 최신 트렌드에 밝으신 분

해야 할 일 + 이상형 + 있으면 좋을 것들

입사 후 해야 할 업무를 명확히 기재했다. 해당 업무를 수행하기 위해 요구되는 필요 능력치를 명확히 기재했다. 또 우리 조직에서 고성과자가 되기 위해 있으면 더 좋을 경험을 명시했다. 이보다 더 필요한 것이 있을까? 눈에 잘 띄지 않고 가독성은 떨어지나 어떤 공고보다 명확하다. 예를 들면 소통이 중요함을 강조하는 공고는 많이 보았으나 MD, 디자인, 개발, 마케팅 조직과 소통을 많이 할 수 있음을 보여 주는 공고는 드물어서 이 공고는 명확한 자료이다. 우리도 명확한 채용공고를 만들어 보자.

채용공고는 우리 회사와 구직자와의 첫 번째 연결고리이다.
인연의 끈이 이어질 수 있도록 섬세한 노력이 필요하다.

Training
스타를 발굴하는 특색 있는
면접기법 STAR

대기업에서의 인터뷰 추천 면접 질문 기법으로 BEI를 추천한다. 또 필자는 스타트업에 적합한 면접 질문 기법으로 STAR 기법을 사용할 것을 권하고자 한다. 이유는 명확하다. BEI는 최소 3명의 면접관이 참여하는 것을 기준으로 한다면 STAR는 인원의 제한이 없어 상대적으로 쉽다.

STAR 기법은 Situation, Task, Action, Result의 약자이다. 자기 경험을 S(Situation), T(Task), A(Action), R(Result)로 작성하는 글쓰기 구조를 말한다. 즉, 어떤 상황에서 문제가 발생했을 때 면접자가 올바른 행동을 하였는지와 그에 따른 행동을 적절히 하였는가에 대해 논리적으로 확인하는 방식이다. 미국 MBA 에세이를 준비할 때 가장 기초적으로 알려 주는 작성법이다. 또 최근에는 취업준비생들의 자기소개서 작성법으로도 활용된다. 그만큼 쉽다. BEI 기법에 대해 상대적으로 익히기 쉬운 면접 질문 기법이므로 환경적 이유로 회사에서 면접관 교육 지원을 잘 안 해 줄 수밖에 없는 스타트업 현업자에게 추천하며 상세한 내용은 다음과 같다.

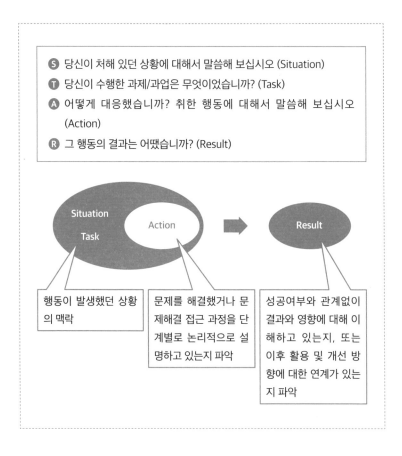

S 당신이 처해 있던 상황에 대해서 말씀해 보십시오 (Situation)

T 당신이 수행한 과제/과업은 무엇이었습니까? (Task)

A 어떻게 대응했습니까? 취한 행동에 대해서 말씀해 보십시오 (Action)

R 그 행동의 결과는 어땠습니까? (Result)

Situation
Task
Action
Result

행동이 발생했던 상황의 맥락

문제를 해결했거나 문제해결 접근 과정을 단계별로 논리적으로 설명하고 있는지 파악

성공여부와 관계없이 결과와 영향에 대해 이해하고 있는지, 또는 이후 활용 및 개선 방향에 대한 연계가 있는지 파악

S (Situation, 상황)

행동하게 된 사건의 계기와 배경을 묻는 것으로 당시 상황을 스토리와 함께 요구해 달라고 하는 시발점이다.

T (Task, 문제)

맡은 업무의 목적, 목표 등 처해 있던 상황에서 과제나 이슈를 묻는 단계이다. 과제의 난이도와 중요성을 함께 묻는다면 더 풍부한 내용의 답변을 얻을 수 있다.

A (Action, 행동)

목표를 달성하고 직면한 문제를 해결하기 위해 면접자가 취한 행동을 설명해 달라고 요구하는 단계이다. 상황에 대한 면접자의 반응을 통해 역량과 위기 대처 능력을 확인할 수 있다.

R (Result, 결과)

행동의 결과를 설명하면서 과정을 통해 얻게 된 성과와 결론을 요구하는 마무리 단계이다. 여기서 얻은 결과는 구체적인 수치를 포함해 스스로 깨달은 부분까지 언급해 달라고 요구하도록 한다.

이해가 안되더라도 다음 예시를 살펴보자.

회사 생활을 하면서 경험한 가장 어려운 일에 관한 질문

Q 면접자 │ Situation │ 누구나 회사 생활을 하면서 한 번쯤 어려운 일을 겪습니다. 혹시 지원자님께서는 회사 생활을 하면서 가장 힘들었던 경험을 떠올리신다면 어떤 경험이 있을까요?

A 지원자 네. 저는 이전 회사에서 박람회의 스태프를 하게 되었습니다. 당시 관련 부스를 얼마나 많이 유치하느냐가 저희에게는 성패의 지름길이었습니다. 그러나 박람회가 임박하던 시기에 마침 다른 곳에서 비슷한 박람회가 열리고 있었고 200만 원의 부스 비용으로는 유치가 쉽지 않았습니다.

Q 면접자 ▮Task▮ 그때 지원자님께서는 어떤 방향을 잡으셨나요?

A 지원자 네. 저는 부스 비용을 25% 낮추고 유치 수를 늘리는 것으로 방향을 잡았습니다.

Q 면접자 ▮Action▮ 그 상황에서 어떻게 대응하셨어요? 취한 행동에 대해 말씀을 부탁드릴게요.

A 지원자 관련 협회에 협조 요청해 길거리 홍보를 요청했습니다. 또 관련 학과를 직접 방문하여 학생의 참여와 관람을 부탁드렸어요. 교수님의 협조로 당일 휴강을 하고 학생 전체가 관람하게 되었습니다.

Q 면접자 ▮Result▮ 그런 액션을 통해 어떤 결과가 나왔나요?

A 지원자 부스 수익률은 비록 100% 달성은 못하였으나 그 수는 150%를 달성시켰습니다.

이처럼 STAR 기법은 위와 같은 방식으로 면접 진행 시 질문을 하게 된다. 프레임이 정해져 있어 상대적으로 쉽다. STAR 기법이 적응되면 STAR의 순서를 뒤죽박죽 바꾸어 질문을 하기도 한다.

Q 면접자 ▮Situation▮ 누구나 회사 생활을 하면서 한 번쯤 어려운 일을 겪습니다. 혹시 지원자님께서는 회사 생활을 하면서 가장 힘들었던 경험을 떠오르신다면 어떤 경험이 있을까요?

A 지원자 네. 저는 이전 회사에서 박람회의 스태프를 하게 되었습니다. 당시 관련 부스를 얼마나 많이 유치하느냐가 저희에게는 성패의 지름길이었습니다. 그러나 박람회가 임박하던 시기에 마침 다른 곳에서 비슷한 박람회가 열리고 있었고 200만 원의 부스 비용으로는 유치가 쉽지 않았습니다.

Q 면접자 Action 그 상황에서 어떻게 대응하셨어요? 취한 행동에 대해 말씀을 부탁드릴게요.

A 지원자 관련 협회에 협조 요청해 길거리 홍보를 요청했습니다. 또 관련 학과를 직접 방문하여 학생의 참여와 관람을 부탁드렸어요. 교수님의 협조로 당일 휴강을 하고 학생 전체가 관람하게 되었습니다.

Q 면접자 Result 그런 액션을 통해 어떤 결과가 나왔나요?

A 지원자 부스 수익률은 비록 100% 달성은 못하였으나 그 수는 150%를 달성시켰습니다.

Q 면접자 Task 그런데 지원자님께서는 어떤 방향을 잡으셨나요?

A 지원자 네. 저는 부스 비용을 25% 낮추고 유치 수를 늘리는 것으로 방향을 잡았습니다.

위처럼 S-T-A-R 형태로 질문을 하기도 하지만 이게 머릿속에 적응이 되면 순서를 변형하기도 한다. S-A-R-T처럼 순서를 바꿔 말하기도 한다. 추가로 면접자에게 그때 실행했던 행동 중 아쉬웠다거나 수정하고 싶은 부분이 있는지를 묻기도 한다. 다음의 예시를 같이 살펴보자.

Q 면접자 Plus 혹시 시간을 되돌리신다면 하셨던 행동 중 개선하고 싶으신 부분이 있으실까요? 있다면 어떤 부분이 있으실까요?

A 지원자 그때 길거리 홍보를 요청했었는데 온라인 홍보를 진행하지 못한 게 아쉬웠습니다. 시간을 되돌린다면 길거리 홍보와 온라인 홍보, 투 트랙으로 홍보를 진행할 것입니다.

준비된 면접만 실행해야 한다. 왜냐하면 면접자를 상대한다는 것은 회사를 대표하는 것이고 회사의 얼굴이며 면접자에 대한 예의이기 때문이다. 면접자를 진지하게 대하고 진심으로 대함으로써 면접자의 긴장을 풀어주고 편안한 자세에서 면접에 임하게끔 해야 한다. 그래야 면접자는 본인의 능력을 보여 줄 것이며 면접관은 올바른 판단을 할 수 있을 것이다

사람을 알아가기에 앞서 중요한 것은 상대방에 관한 관심이다. 관심을 토대로 STAR를 적용해 보자.

Lock-In
잘 나가는 푸드 테크 기업의 버디 제도 사례

지금 소개하는 한 푸드 테크(Food-Tech) 기업에서는 처음 입사한 직원을 대상으로 조직 지원 인식을 심어주고 그들이 안정된 정착을 할 수 있도록 '버디(Buddy) 제도'를 시행하고 있다. 해당 제도는 신규 입사자들이 회사에 적응하며 회사에 대한 몰입도를 높여주는 데 있어 크게 이바지하는 대표적인 프로그램 중 하나이다. 이 프로그램에 대한 신규입사자들의 만족도 또한 높으므로 해당 프로그램을 직접 기획하고 운영한 이들과의 인터뷰를 통해 소개하고자 한다.

Buddy(버디) 제도 프로세스

Step 1 해당 조직장에게 버디 선정 요청 및 버디 선정

Step 2 버디 대상자 OT 시행

Step 3 버디 활동 가이드 이메일 발송

Step 4 매월 버디 활동 후기 취합

버디와 신규입사자가 함께 할 활동 리스트

To do List

☐ 문화카드 작성하기 ☐ 메일 서명 설정해주기

☐ 사물함 안내해주기 ☐ 사내 인맥 소개해주기

☐ MBTI 알려주기 ☐ 밥 친구 되어주기

Q '버디 제도'란 무엇인가?

A 신규입사자 발생 시 소속 팀 내 1명의 버디를 지정하여 입사자의 소속감 및 업무 몰입도 증진에 도움을 주는 제도이다. 즉, 입사자가 성공적으로 우리 회사에 적응할 수 있도록 기존 구성원이 지원하는 일종의 멘토 제도이다.

Q '버디 제도'를 기획하고 운영하게 된 이유는?

C 기존에 진행되던 멘토링 제도가 일시 중단하게 되었다. 계속해서 증가하는 신규입사자들이 안정적인 분위기 속에서 스며들게 기존 멘토링 제도를 개선해야겠다는 생각이 들었다. 다양한 기업들의 케이스를 스터디하며 열심히 고민했으며 신규입사자들이 일뿐만이 아닌 회사 자체에 잘 적응할 수 있게끔 도와주자는 목적을 가지고 버디 제도를 준비하게 되었다.

J (해당 회사는 여러 개의 사업장이 있다) 여러 사업장 근무자의 지원 내용에도 다른 부분이 있어 이를 통일시키고 개선하기 위해 시작되었다. 그리고 스타트업의 빠르게 흘러가는 조직의 특성상 정기 공채보다 수시 채용이 더 많이 진행된다는 점에 있어서 수직적인 프로그램보다는 언제든 신규입사자가 우리의 일원이 될 수 있도록 도울 수 있는 수평적인 제도가 필요하다고 판단하였다.

_____ 님에게 들려주는 조직 적응 꿀 TIP!

안녕하세요.
당신의 버디 _____ 이고독_____ 입니다.

조직 적응을 위해 몇 가지 꿀 팁을 알려드릴게요!
먼저 저는 _____ 사람을 좋아_____ 하는 사람입니다.
우리는 보통 점심을 (다 같이/각자) 먹어요.
휴가 사용 시에는 _____ 이틀 전_____ 까지 소통해요.
우리는 소통 할 때 _____ 카톡_____ 을 많이 사용해요.

궁금하신 부분이 있으시면 언제든 편히 물어보세요. 환영합니다. ^^

Q 우리 회사에 버디 제도가 필요하다고 생각한 이유는?

D 경력직 위주의 채용이 많다 보니 전 직장의 프로세스가 이미 정립된 분들이 많다. 그럴수록 사소한 부분의 차이가 여러 혼란을 주게 되는 것 같다. 예를 들어 연차를 올리는 프로세스나 ERP 이용법, 소통 채널 등 이런 것들이 정말 회사마다 다른 부분이라 이런 세세한 부분을 챙겨주기엔 '버디' 개념이 딱 맞지 않았나 싶다.

K 신규입사자뿐만 아니라 기존 직원들도 회사가 변화하는 속도가 무척이나 빠르기에 서로 간 모르는 사람들도 많아지고 분위기도 좀 낯설어졌다. 일하는 방식도 비록 같은 회사지만 팀 간 차이가 있음을 알았기에 하나로 맞춰가는 과정이 필요했다. 즉, 버디 제도를 통해 신규입사자에게 알려주며 우리도 같이 잘 적응해 보자는 의미가 된 것 같다.

Q 현재 버디 제도의 운영 방법은 어떠한가??

D 가장 먼저 신규입사자의 해당 팀장님 혹은 그룹장님께 버디 선정을 요청한다. 버디 활동은 총 3개월 동안 진행되며, 매월 지정 활동들을 수행하게 된다. 버디로 선정된 직원분께는 원활한 활동을 위해 우리 회사 식대 앱 'XX대장'의 3만 포인트를 지급한다.

J 버디로 선정된 직원을 대상으로 한 오리엔테이션을 진행한다. 버디 제도에 대한 목적과 활동 방법을 알려 준다. 신규입사자 웰컴 키트 및 세팅 물품(문화카드, 사물함·자리 이름표) 등을 전달하며 활동 리스트를 통해 활동 방법도 자세히 알려 주고 있다.

C 매월 버디 활동 리스트에 대한 회신도 받고 있다. 버디가 해야 할 일들을 수행하였는지 체크하는 과정인데 종종 피드백도 주고 신규입사자와 함께 찍은 사진을 보내준다. 추가로 현재는 신규입사자보다 직급이 높은 분들로 버디를 선정하고 있다. 다음부터는 고경력자 신규입사자여도 더 아래의 직급 분들이 버디를 맡아주는 방안도 생각하고 있다. 버디에는 어떤 제한도 없기 때문이다.

Q 버디 제도가 없었을 때 겪은 어려움이 있었을까? 또 해당 제도를 도입 후 개선된 점이 있을까? 있다면 어떤 것이 있을까?

J 팀에 속해 있지만 혼자만의 업무를 하게 되는 직무라든지 관련 업무를 하던 사람이 없는 경우가 종종 있었다. 그래서 팀 내에 여러 가지 부분을 물어볼 대상이 없다는 것이 안타까웠다. 이처럼 정착 사각지대에 놓인 사람들에겐 버디 제도가 소속감을 주고 심리적 안전감의 기반이 될 것이라 기대하고 있다.

K 저는 궁금한 것이 생기면 직접 물어보는 성향이긴 하지만 이런 걸 물어봐도 될까? 질문을 너무 많이 하나? 이런 고민으로 스트레스를 받는 사람도 있었다. 즉, 버디가 있으니 좀 더 편안하게 질문할 수 있다는 점이 신규입사자의 부담을 덜어준 듯해 뿌듯하다.

Q 버디 활동을 운영하면서 주의해야 할 사항은?

K 첫 기획 단계 때 가장 우선시했던 것이 해당 활동이 직원들에게 '일이 되게 하지 말자'였다. 자연스럽게 활동할 수 있게끔 활동 리스트도 최대한 가벼운 것들로 구성했다. 기존 직원들이 버디가 되어도 부담 갖지 않도록 하는 것을 신경 써야 한다. 그냥 가볍게 내가 회사 생활하면서 몰랐으면 불편했을 것들을 신규입사자에게 알려 주면 좋겠다 정도로 직원들이 느낄 수 있도록 늘 신경 써야 한다.

J 버디는 '단짝'이라는 말로 서로 뜻이 맞거나 매우 친하여 늘 함께 어울리는 사이를 말한다. 버디와 신규입사자가 일방적인 관계가 아닌 서로의 단짝이 되어 기쁜 일은 나누고 힘든 일은 서로 의지하는 건강한 관계가 지속될 수 있도록 신경 써야 한다. 그리고 그 과정에서 도움이 필요하거나 부족한 점이 있다면 언제든 주관 부서 담당자와 소통을 할 수 있도록 소통 창구를 오픈해 두어야 한다.

D 버디를 하고 싶은 기존 직원이 담당하는 것이 가장 효율성이 컸다. 다시 말해 소속팀에 관한 기준점보다는 신규입사직원과 물리적 거리만 가깝다면 누구든지 버디에 대한 오픈을 해두면 좋겠다.

천릿길도 한 걸음부터... 화려하거나 거창하지 않아도 괜찮다. 소소한 노력(예를 들면 신규입사자 발생 시 팀원들이 돌아가며 신규입사자와 점심시간 1회씩의 커피챗 정도?)부터 시작해 보는 건 어떨까?

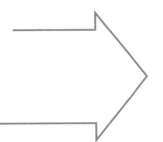

Branding
채용 브랜딩 작업으로
대동단결

필자가 처음 스타트업에 갔을 때 했던 일 중 하나를 소개하고자 한다. 처음 스타트업에 입사했을 때 3가지 목표는 채용의 질과 양을 향상시키는 작업, 정부지원금 획득 그리고 정부 인증을 획득하는 일이었다. 먼저 정부지원금을 지원받고자 했던 것은 스타트업의 한정된 자원에서 인사팀도 회사의 수익 창출에 이바지를 할 수 있는 부서라는 것을 보여 주고자 했다. 사람을 채용하는 데 있어 인건비에 대한 회사가 느끼는 피로도를 줄여주고자 했다. 또한 상당히 빠르게 전개되는 회사의 비즈니스 환경에 맞게 사람을 적재적소에 지원하기 위해 노력했다. 필자가 속한 회사의 매출은 16년도부터 21년까지 20배의 매출이 증가하였다.

마지막으로 최대한의 인증제도를 획득하고자 했던 이유는 우리 회사가 일하는 것에 대해 외부에 보여 주고 싶었다. 이는 채용 브랜딩으로 연결되어 구직자들이 우리 회사에 유입되는 데 간접화를 넘어 직접적인 홍보 효과를 보여 줄 수 있을 것으로 판단했고, 이는 100% 적중했다. 인증 리스트 중 일부에 대해 다음과 같이 공개하고자 한다.

항목	운영
서울 300대 유망기업	서울산업진흥원
서울형 강소기업	서울특별시
일자리창출우수기업	서울특별시
가족친화인증기업	여성가족부
하이서울 기업인증	sba
서울시장 포상 희망 기업	sba
대한민국 상생발전 표창	sba
고용환경개선 실적 우수기업	sba
강소기업인증	고용노동부
청년친화강소기업	고용노동부

이외에도 더 많은 인증제도가 있으나 위 리스트에 있는 것들만 인증하더라도 회사의 가치를 높이고 구직자에게 우리 회사를 어필하며 회사의 브랜드 가치와 우리 회사의 지원자 수를 높이는 데 효과가 있을 것이다. 즉, 인증제도 작업은 구직자의 마음을 사는 데 도움을 줄 것이며 채용에 있어 구직자에게 유리한 위치를 선점할 수

있게 되며 채용에 대한 비용을 감소시키는 데 효과가 있을 것이다. 다시 말해 '이 회사에서 일하고 싶다'라는 생각을 들게 해 줄 것이며 사람을 뽑는 과정에 있어 구직자의 중도 이탈률 감소 및 입사까지로 조금 더 수월히 이어질 수 있기에 회사에서 채용을 담당하는 인원의 업무량이 감소하는 부분까지 이어질 수 있다.

인증 작업을 마치고 난 후 구직자를 넘어 우리 회사의 잠재적 고객까지 호감을 살 수 있는 작업으로 이어지기 위한 노력이 필요하다. 바로 그 작업은 우리 회사가 정부 기관으로부터 인정받은 사항 혹은 칭찬받은 사항을 기사화하는 것이다. 구직자든 고객이든 우리 회사에 대한 정보를 취득하는 방법은 보통 포털 사이트에서 회사명을 검색하며 확인한다. 검색하면서 자연스럽게 기사가 보일 것이고 검색한 사람들은 자연스럽게 우리 회사의 좋은 정보를 얻게 되는 것이다.

하지만 회사에서 기사를 작성한다는 것은 쉬운 일이 아니다. 담당자가 없는 회사가 대다수일 뿐만 아니라 글을 쓴다는 것은 어렵고 막막한 일이기 때문이다. 그래서 우리 회사에서 실제로 인증 획득을 기사화한 내용을 보여 주고 정리하는 작업을 해 보고자 한다.

주식회사 ○○○(대표자 ○○○)는 ○○○ 실에서 주관하는 '20○○ 년 ○○○ 기업' 인증을 획득했다고 12일 밝혔다.

⇨ 인증을 획득한 사실에 대해 전달하는 문장으로 시작한다. 기사는 객관적인 사실만을 근거로 한다는 점을 명심하자.

○○○○ 인증은 근로자들이 일과 여가를 조화롭게 누릴 수 있도록 여가시간, 비용, 프로그램, 시설 등 여가 친화 제도를 모범적으로 운영하는 기업과 기관을 선정해 인증하고 지원하는 제도다. 여가에 대한 사회적 인식을 높이고 여가 활동의 저변 확대를 목적으로 시행됐다.

⇨ 두 번째 문장 혹은 문단에는 획득한 인증제도에 관해서 설명하는 내용을 담는다.

올해는 주식회사 ○○○를 포함한 총 1,000여 개의 기업이나 기관이 엄격한 심사를 거쳐 최종 선정됐다.

⇨ 해당 인증제도를 얻기 위해 얼마나 많은 회사가 신청했으며 얼마나 어렵게 선정이 되었는지를 나타낸다.

관계자는 "주식회사 ○○○는 어려운 여건 내에서도 생일자 조기 퇴근, 입사 1주년 직원 휴가 제공, 무제한 백신 유급휴가, 연차 사용 적극 권장, 보상 휴가 제도 운영 등을 통해 직원들의 워라밸(Work and Life Balance)이 조화를 이루는 선진기업문화 조성을 위해 앞장섰다는 점에서 높은 평가를 받았다"라고 설명했다.

⇨ 우리 회사가 인증제도를 획득한 이유에 관해서 설명하되 이는 우리 회사의 소위 잘난 점을 드러내는 문장임을 명심하여 구직자들을 끌어들일 수 있는 사항들을 함께 보여 준다.

주식회사 ○○○의 ○○○ 팀장은 "일과 삶이 균형을 이루면 직원 개개인의 만족도 증가와 조직에 대한 몰입을 통한 업무 효율이 높아지는 효과를 기대할 수 있다"며 "앞으로도 직원들의 행복한 일터 조성을 위해 노력하겠다"고 말했다.

⇨ 우리 회사의 인증을 획득한 분야의 담당자와의 인터뷰 내용을 담는다. 현업의 인터뷰 내용은 그 팀에서 작업한 사항을 기사화한다는 이유만으로도 내부적으로 동기부여 시켜줄 수 있는 수단이 될 수 있음을 명심하자.

주식회사 ○○○ 관계자는 "2023년 판매 및 운영에 특화된 AI 시스템을 자체 개발했다. 지난해에는 다양한 투자사들로부터 후속 투자 유치에 성공한 바 있다"라고 전했다.

⇨ 우리 회사의 방향성에 관한 내용을 간단하게 담는다. 이 역시 구직자에게 홍보 수단이 될 수 있음을 인지하도록 하자.

앞에 잘 설명해 놓았지만, 생각보다 어렵지 않은 작업이다. 마케팅팀이든 인사팀이든 총무팀이든 심지어 영업조직의 매니저든 그건 상관없다. 규모가 적은 회사에서는 누구든 일당백이 되어야 하며 누구든 움직여야만 한다. 그래야 회사가 산다. 어렵다고 느끼지 말고 한번 해 보자. 따라 시작하고 기사를 쓰다 보면 금방 따라 할 수 있을 것이고 본인만의 스타일로 만들 수 있을 것이다.

인증제도를 획득하는 작업은 담당자에게 드래곤볼 모으는 것 같은 재미를 느끼게 해 줄 것이다. 7개의 드래곤볼을 모으면 용이 나타나 소원을 이뤄주듯이 인증제도를 계속 모으고 모아 홍보하다 보면 어느 순간 지원자가 많아지며 중간에 면접을 포기하는 인원(No-Show)도 줄어들 수 있기에 채용이 좀 더 쉬워질 것이다. 또 내부적으로는 우리 회사의 식구들이 우리 회사에 대해 자부심을 느끼는 순간이 올 것이다.

전략보다 사람이 우선이다.

—

GE의 전 회장, 잭 웰치

PART
03

내기업 실전 Note

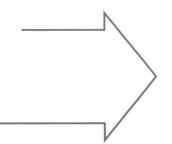

대기업이
뭐길래

학생들에게 꿈을 물어보면 10명 중 1~2명은 대기업을 가고 싶다고 한다. 또 '대기업이 뭔데?'라고 물어보면 '삼성이나 LG, 현대처럼 이름 있는 큰 기업이요'라는 답변이 돌아온다. 대학생들처럼 우리는 대기업의 기준에 관해 물으면 십중팔구 답변하지 못한다. 그래서 아주 많이 딱딱할 수는 있으나 잠시 대기업의 정의를 소개하고자 한다.

대기업이란 일정 규모 이상의 자산과 종업원을 갖추고 큰 매출을 올리는 기업을 의미하며, 법령 중소기업기본법 제2조에 따르면, 대한민국 내에서의 법적인 대기업의 정의로는 중소기업기본법 제2조와 중견기업 성장 촉진 및 경쟁력 강화에 관한 특별법 시행령에 따른 중소기업 및 중견기업의 요건에 해당하지 않는 기업이라고 정의하고 있다. 이 법령에 따르면 다음의 요건이 되면 대기업으로 볼 수 있다.

❶ 중소기업기본법에 포함되지 않는 기업
❷ 중견기업 성장 촉진 및 경쟁력 강화에 관한 특별법 시행령에 따른 중견기업에 포함되지 않는 기업
❸ 자산 10조 원 이상으로 공정거래 위원회에서 지정한 상호출자제한 기업집단
❹ 금융 및 보험, 보험 서비스업을 하며 중소기업기본법에 소속되지 않는 기업

나열된 진부한 내용을 조금 쉽게 풀어 한 줄로 정리해 보면 '중소기업이 아니어야 하고 중견기업이 아니어야 하며 자산 10조 이상의 회사'이다. 자산 10조 이상의 회사? 맞다, 돈 많은 회사다. 그래서 스타트업이나 중견기업보다 직원들에게 보편적으로 많은 연봉을 제공한다. 그래서일까? 대기업에 들어가기 위한 허들 역시 스타트업, 중견기업보다는 훨씬 높다. 토익, 토플과 같은 외국어 스펙 혹은 공모전 경험과 같은 대외활동 스펙을 신입사원들에게 원하기도 한다. 또 신입사원들이 처음 대기업에 입사하게 되면 그들만의 생태계에 들어왔다는 것에 대한 안도감을 느끼기도 한다. 아마 스타트업이나 중소기업보다 상대적으로 높은 처우(높은 연봉에 인센티브, 성과급은 별

도)와 회사의 브랜드 가치 때문이 아닐까? 그곳이 그들만의 또 다른 '빡센 리그'임을 모르는 체 말이다.

█ 대기업이라는 환경과
█ 인재상에 대한 인사이트

든든한 백업이 많은 대기업. 시스템이 잘 갖춰져 있고 인프라가 풍부하다. 상대적으로 함께 일하는 인원이 나를 대체할 수 있는 수단도 많다. 그래서 회사는 직원들을 평가할 수 있는 체계 또한 잘 잡혀 있다. 직원들의 관점에서 보면 보다 정교화되고 체계적인 평가 시스템이 마련된 대기업 아래에서 피가 마를 수도 있다는 말이다.

대기업이라는 환경 속에서는 계열사가 있고 자회사도 있다. 그들의 자회사는 최소 웬만한 스타트업 십여 개를 합친 규모일 수도 있고 그 이상일 수도 있다. 조직에서 하나의 기능(Function)을 스타트업처럼 대표가 운영한다는 것은 말도 안되는 이야기다. 스타트업 파트에서 언급했지만, 스타트업에서는 물류나 구매와 같은 하나의 기능을 담당하는 직원의 영역이 넓고 (인력의 한계로 인해) 조금은 얕다면 대기업에서 하나의 기능을 담당하는 직원의 영역은 좁고 깊다. 이 말을 인적 자원의 차이를 근거로 스타트업에서는 제너럴리스트가 많고 대기업에서는 스페셜리스트가 많다고 하였다.

예를 들면 스타트업에서는 채용부터 평가·보상, 노무까지를 한 명이 모두를 총괄한다. 규모가 적은 회사는 총무, 재무, 회계, 법무까지도 총괄한다. 반면 대기업에서는 한 명이 채용 파트만 담당하거나 혹은 채용에 대한 전략 수립만을 담당하는 한 해당 분야의 전문가 임무를 수행하기도 한다. 즉, 풍부한 인적 자원들이 구성된 환경 속에서 한 파트의 현황 및 문제를 정확히 파악하며 업무를 실행할 수 있도록 하나의 세부 영역을 전문화한 인원이 필수이다.

대기업의 인재상은 스타트업과 별반 차이는 없다. 대한민국 기업들의 인재상은 서로 비슷한 속성을 가지고 있다. 일잘러의 기준은 기업의 규모와 관계없이 어디서나 같을 수 있기 때문일까? 대표적인 대한민국의 대기업 두 곳의 인재상을 비교해 보도록 하자.

대기업 L사의 인재상		대기업 S사의 인재상	
내용	키워드	내용	키워드
꿈과 열정을 가지고 세계 최고에 도전하는 사람	열정	끊임없는 열정으로 미래에 도전하는 인재	열정
고객을 최우선으로 생각하고 끊임없이 혁신하는 사람	고객 중심·혁신	창의와 혁신으로 세상을 변화시키는 인재	창의·혁신
팀워크를 이루며 자율적이고 창의적으로 일하는 사람	팀워크 ·창의성	정직과 바른 행동으로 역할과 책임을 다하는 인재	정직·책임감
꾸준히 실력을 배양하여 정정당당하게 경쟁하는 사람	경쟁의식		

두 기업의 인재상은 서로 비슷비슷하다. 세 기업을 표본으로 봐도 그럴 것이고, 30대 대기업을 표본으로 보아도 별반 큰 차이는 없을 것이다. 회사가 스타트업이거나 대기업인 것을 떠나 조직의 인재상을 만들어 본다고 가정할 때 인재상을 뽑아내는 가장 쉬운 방법은 다음과 같다.

<table>
<tr><td>

Step 1

팀장과 같은 1차 조직책임자 대상으로 어떤 인재가 필요한지 구성원 중 일잘러들의 특징은 무엇인지를 심도 있게 인터뷰해 보면 답이 보일 것이다.(예를 들면 '실패를 두려워하지 않고 끈기 있게 도전하는 사람', '자기가 할 일을 알아서 찾아서 하는 사람', '지시받은 업무 수준보다 더 높은 목표를 자발적으로 설정하고 실행하는 사람' 등)

</td></tr>
</table>

Step 2
이렇게 모은 특징들을 하나의 단어로 묶어 보고 하나의 덩어리로 정리한다.

Step 3
역량, 키워드(단어) 그리고 키워드에 따른 설명을 정리해서 전 구성원 대상으로 설문을 시행한다.

방금 설명한 3스텝으로 진행하면 가장 높은 역량부터 '우리 조직에 가장 필요한 사람은 누구인지, 누구를 뽑아야 하는지'에 대한 정답을 찾아낼 수 있게 되는 것이다. 이 프로세스를 기반으로 도출된 역량들로 우리 회사에 지원한 지원자들이 해당 역량에 대해 보

유하고 있는지를 확인할 수 있다. 또 그에 맞는 채용 방법과 로직을
설계하고 실행하면 된다.

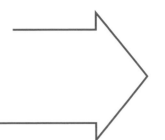

Design
알기 쉬운 PT 면접

기업은 면접 단계를 통해 논리력과 설득력, 커뮤니케이션 역량 등 지원자가 현재 가지고 있는 능력과 앞으로 발현될 수 있는 잠재 역량까지 추측하거나 확인해 볼 수 있다. 그중 입사 후 지원자가 직무수행을 얼마나 잘 해낼 수 있는지를 볼 수 있는 사전과제 PT 면접에 대해 풀어보려 한다.

구분	평가 역량	요약
사전과제 PT 면접	열정, 창의, 능동, 논리력, 자료구성력, 커뮤니케이션 능력 등	면접 전 과제를 부여하여 면접 당일 준비한 자료를 발표하고 면접관의 질문에 대응하는 방식

사전과제
PT 면접의 특장점

사전과제 PT 면접은 인·적성검사를 통해 최종 서류 전형을 통과한 지원자에게 '서류 전형 최종 합격 통보'와 함께 1차 면접을 위한 '과제'를 부여하면서 본격적인 면접이 시작된다. PT의 주제는 대부분 기업의 사업적 과제를 기반하는 경우가 많다. 구체적인 예를 들어보자. 제품 혹은 서비스를 판매하는 조직에서는 다음과 같은 주제를 부여할 수 있는데, 이외 기업의 상황과 사업에 맞게 주제를 충분히 응용하고 변경할 수도 있으니 참고하자.

- 최소 ×곳 이상의 ○○ 지역 방문하여 제품(서비스) 구현 현황 점검 후 판매(서비스) 확대 방안을 제시하시오(5분 발표, 10분 Q&A)
- 자신의 전공 분야와 ○○(서비스·제품·기술)를 접목해 ○○ 사업과제 해결을 위한 솔루션을 제시하시오
- ○○○ 기술(DX)이 ○○○ 사업 확대를 위해 필요한 가장 시급한 과제와 그에 맞는 해결책을 제시하시오
- 최소 × 곳 이상의 ○○ 시설을 방문하여 ○○ 제품 현황 파악 후 해당 제품 경쟁력 분석 및 판매 확대 방안 제시하시오
- 최소 ×곳 이상의 ○○ 플랫폼을 방문하여 UX·UI, ○○ 연출현황 점검 후서비스 개선 혹은 자사 점유 확대 방안을 제시하시오

과제수행 기간은 기업에 따라 다르지만, 5~10일이 일반적으로 제공되는 기간이다. 사실 대부분 사람이 공감할 텐데 지원자에게 주어지는 준비기간이 길다고 해서 사전과제의 퀄리티가 아주 높아

지지는 않는다. 그 기간이 5일이든 14일이든 지원자 대부분은 70%의 기간에는 고민하고, 20%의 기간에는 과제 해결을 위한 현장 방문이나 자료조사를, 10%의 기간에는 발표 자료를 작성하는 것이 보통이다.

　지원자에게 1차 면접에 필요한 정보를 제공하면서, 과제 제출을 위한 정보도 함께 제공해야 한다. 지원자는 각 기업에서 운영하는 특정 채용 사이트에 과제물을 업로드하거나 채용 담당자에게 메일로 과제를 제출할 수 있어야 한다. 앞에서 거듭 강조했듯이, 사전과제 PT 면접이 좋은 이유 중 하나는 바로 '노쇼(NO Show)'를 확인할 수 있다는 점이다. 면접에 오지 않을 인원이라면, 애초에 사전과제를 제출하지 않는다. 반면 사전과제를 제출한 인원은 어떻게 해서든 면접에 오려고 한다. 허수 지원자를 거르기 위한 장치로 사전과제 PT 면접을 적극적으로 활용해 보자.

▌사전과제 PT 면접의
　운영방식 및 평가항목

　사전과제 PT는 2명의 실무면접관(팀장+선임사원)과 1명의 지원자로 운영되며, 5분 발표, 10분 Q&A로 구성된다. 혹시 'PPT 페이지 수를 제한해야 하지 않나?'라고 생각한 담당자가 있다면, 5분 발표로 제한되기 때문에 굳이 장표는 제한하지 않아도 된다. 필자가 생각했을 때 가장 적정한 가이드라인은 '유첨 페이지를 포함하여 3페이지 정도로 하되, 장표 수에는 제한 없음'이다. 해당 면접은 지원자의 준비 및 발표 과정을 통해 지원자들의 역량과 더불어 입사에 대한 열정을 바로 확인할 수 있다. 평가항목은 실행력, 창의력, 능동성, 논리력, 자료구성력, 커뮤니케이션 능력과 사업 이해력이다. 평가 비중은 기업에 따라 다르게 할 수 있으나, 면접관의 평가항목은 다음 내용 정도로 구성될 수 있다.

평가 역량	평가 영역	평가 점수
열정	사전 조사 활동을 통한 지원자의 열정을 측정	1~5점 부여
사업이해	사업별 제품·시장에 대한 이해도 및 마켓 인사이트 측정	
커뮤니케이션	의견 전달 및 목표설득을 위한 프레젠테이션 역량(자료 구성, 발표력) 측정	

'왜 하필 열정, 사업이해, 커뮤니케이션 역량이지?'라는 질문을 생각하고 있다면, 꽤 높은 수준에 있는 전문가라고 생각된다. 기업들이 '인재상'은 가지고 있지만, 각 인재상에 따른 필요 역량까지 정의한 기업은 사실상 많지 않을 것이다. 하지만 괜찮다. 대부분의 인재상에는 위 세 가지가 포함되어 있다. 본인이 속한 조직의 비즈니스(사업)를 알고, 본인의 업무를 열정적으로 수행하고, 업무 수행을 위해 효과적으로 커뮤니케이션하는 인재를 마다할 회사는 없다.

첫째, '열정'은 다른 지원자보다 한 발 더, 한 곳 더, 한 번 더 하는 열정을 보유했는지를 살펴보기 위한 것이다. PT 면접을 보기 위해서는 정보가 많아야 한다. 많은 정보는 많이 찾아본 사람이 갖게 되고, 많은 정보를 가진 사람은 발표의 인사이트가 좋아질 수밖에 없다. 높은 수준의 인사이트를 보유한 인원이 PT 면접을 보게 되면 자연스럽게 발표의 질이나 면접 내용의 질이 좋을 수밖에 없다. 반대로 인터넷 자료를 대충 찾아서 '복·붙' 하거나, 찾아본 것처럼 혹은 가본 척을 하다 보면 '열정적인 지원자'보다 결과가 절대 좋을 수 없다. 결론적으로, 다른 사람보다 '한번 더' 하겠다는 열정을 가진 지원자를 찾아내기 위해 열정은 필요 항목이다.

둘째, '사업이해'는 우리 회사가 제공하는 제품이나 서비스에 대해 알아야 한다는 것이다. 제품이나 서비스를 알면, 시장에 대한 이해도 병행이 되어야 한다. 제품·서비스·시장·고객을 잘 이해하고 있어야 PT 면접을 잘하게 된다. '열정'이 한 번 더 찾아보려는 노력을 점검한다면, '사업이해'는 우리 회사를 제대로 알고 있는지 '이해도'를 점검하기 위한 것이다. 면접을 위해 많은 발품으로 많은 정보를 찾았다고 하더라도, 사업을 잘 이해하지 못하면 사업적 인사이트를 면접 장면에서 제대로 표현할 수 없다. 이런 측면에서 '사업이해' 역시 중요한 역량이라 할 수 있다.

셋째, '커뮤니케이션'은 본인이 가진 인사이트를 제대로 전달하고 있는지 점검해야 한다. 세상에 어떤 회사든 (1인 기업이라고 하더라도), 동료와 상사, 고객과 파트너, 내외부 이해관계자 등 많은 관계 속에서 업무를 하게 된다. 이러한 이유로 우리와 같이 일하게 될 인재는 자기 생각을 말과 글로 잘 표현하고 전달해야 한다. 지식근로자에게 '말과 글'이 필요하다는 것은 굳이 말하지 않아도 모두가 공감할 것이다. 자신의 의견을 효과적으로 전달하고 설득하기 위해 지원자가 자료를 잘 구성했는지, 제대로 발표하는지를 측정하기 위한 역량이 바로 '커뮤니케이션' 역량이라고 할 수 있다.

▌사전과제
▌PT 면접 평가 방법

각 기업에서의 실제 평가 테이블을 모두 오픈하는 것은 어렵지만, 다음과 같이 일부 내용과 예시를 작성해 두었다. 해당 내용을 참고한다면 충분히 자신의 기업에 맞는 평가 테이블을 개발할 수 있을 것이다. 본인의 기업에는 어떻게 활용할 수 있을지 고민해 보자.

평가 역량	평가 점수				
	1	2	3	4	5
열정 (40~50%)	A1		A3		A5
사업이해 (30~40%)	B1		B3		B5
커뮤니케이션 역량 (10~20%)	C1		C3		C5
종합점수 산출					
면접관 평가의견					

A1 **사전과제에 대한 열정·실행력 부족** 현장 방문·조사 활동 부재, 인터넷
   및 매체 자료만 인용
A3 **과제에 대한 열정·실행력 보유** X곳 이하의 현장 방문 및 조사 활동, 단
   편적 현장 방문·조사
A5 **차별화된 열정·실행력 보유** 차별화된 활동 제시, 추가 활동 통해 과제수
   행 범위 확대

앞서 언급한 것처럼, 사전과제 수행을 위해 제공한 가이드의 수행 범위를 측정하기 위한 것이다. 지원자의 수행 범위가 '딱 지시한 것만큼 했는지'는 중간 평가를 받을 것이고, '생각보다 많이 했을 때'는 좋은 평가를, '지시문보다 훨씬 못했을 때'는 낮은 평가를 주면 된다. 지시한 것만 했을 때는 5점 만점에서 3점만 부여를 하면 되고, 나머지는 활동 범위를 보고 평가하자.

B1 **시장·사업에 대한 인사이트 부족** 비현실적 아이디어, 부족한 실행 가능성
B3 **시장·사업에 대한 인사이트 보유** 미흡한 부분이 일부 있으나 시장·사업
   특성을 파악
B5 **시장·사업에 대한 높은 인사이트 보유** 즉시 현업에 적용할 수 있는 아이
   디어, 실현 가능성이 크고 시장·사업에 대한 장단점 및 개선 포인트를 제시

우리 사업을 얼마나 잘 이해하고 있는가를 측정하기 위한 것이다. 이해도 수준이 '사업과 시장의 특징을 알고 있다'면 중간 평가를, '기대 수준보다 더 많이 잘 알고 있다'면 좋은 평가를, '엉뚱하게

알고 있다'면 낮은 평가를 주면 된다. 현업에 당장 적용해도 좋을 정도의 인사이트와 솔루션을 언급하고 있다면 과감하게 5점을 주자.

C1 **전달력·논리·근거 부족**   본인 의사를 명확하게 전달하지 못함

C3 **전달력·논리·근거 보유**   무난하게 의사를 전달하며 합리적인 근거를 활용

C5 **높은 수준의 전달력과 논리적 설득력**   전달력이 우수하며, 정확하고 합리적인 데이터를 근거로 활용하고, 주장에 대한 설득력이 높은 수준

　자신이 표현하고자 하는 바를 '말과 글'로 잘 전달하고 있는지를 측정하기 위한 것이다. 자료에 대한 명확한 이해로 우수하게 전달하고 있다면 높은 평가를, 근거를 기반으로 무난하게 표현한다면 중간 평가를, 무슨 소리인지 잘 모를 정도로 명확하게 전달이 안 된다면 낮은 평가를 주면 된다. 적어도 우리 회사에서 일하려면 '열정, 사업 이해, 커뮤니케이션' 역량이 중간 이상은 되어야 한다는 점을 면접관들도 명확하게 이해하고 있어야 한다.

　PT 면접은 비단 대기업에서만 가능한 인터뷰 방법이 아니다. 회사의 규모와 관계없이 인터뷰 과정에 쉽게 적용할 수 있다. 번거롭다고? 우리 회사에 적합한 사람을 뽑는 게 그리 쉬운 일일까? 그만한 노력이 필요하다. 세상에 좋은 사람은 많다. 일 잘하는 사람들도 많다. 반면 일 못하고 천성이 좋지 못한 사람들도 많다. 좋은 사람을 구분하는 능력 또한 회사 관리자의 역할이며 필요한 능력이다. 사

람의 능력을 구분해 내는 다양한 방법을 알수록 조직의 관리자로서 더욱더 능력 있는 관리자로 성장하게 될 것이다.

잘못된 사람을 뽑느니 아예 뽑지 않는 것이 낫다.

왜냐하면 조직에서 미꾸라지 한 마리가 물 흐리는 정도는 상당하기 때문이다. 그래서 정확한 검증이 필요하며 때론 PT 면접과 같은 노력도 필요한 것이다.

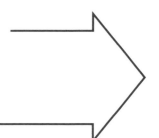

Job-Posting
챗GPT도 알 수 없는
우리 회사 보여 주기

스타트업과 대기업은 상대적으로 같은 직무를 수행하더라도 깊이와 넓이는 다르다. 대기업은 스타트업 대비 좁은 범위의 깊은 업무를 수행한다는 차별점이 있다. 커리어는 스타트업에서 업무를 수행하는 것과 대기업에서 업무를 수행하는 것이다. 커리어를 쌓아가는 측면에서 어디가 더 낫다고 표현하기에 애매한 부분이 있는 것도 사실이다. 필자의 사견으로는 신입 때는 (상대적으로) 넓은 업무 범위를 수행하는 스타트업이 처음 입사 후 신입이 경험하기에는 좋을 수 있고, 경력이 쌓이면 한 분야를 더 깊이 있게 파고들 수 있는 대기업이 커리어 과정에서는 좋다고 본다.

하지만 아이러니하게도 스타트업과 같이 작은 회사에서 큰 회사로 점프하는 것보다 큰 회사에서 작은 회사로 이직하는 게 상대적인 난이도는 수월할 것이다. 즉, 커리어를 개발하는 과정에 있어서는 다양한 관점에서 다양한 가치와 현실을 고려해 볼 필요가 있다.

대기업이라고 해서 스타트업처럼 같은 규모가 작은 기업보다 채용공고의 퀄리티가 무조건 높은 것은 아니다. 하나의 사례를 보여주고 이에 관한 이야기를 풀어보자.

나쁜 예시

구분	상세 내용
공고 명	소재 개발 채용공고
직무 상세	중대형·파우치용 분리막 개발, 원통형 분리막 개발, 고분자 물성 분석·전지 평가
필수사항	- 분리막 · 바인더 · 코딩 관련 연구 경력자 - 화학 · 화공 · 고분자 전공자 - 필름·코팅 관련 직무종사자
우대사항	- 수계 바인더 합성 및 전지 적용 관련 업무 경험 - 전지 안전성 개선 소재 적용 경험 - 필름·코팅 관련 직무 종사 경험

결론부터 말하면 너무 간결해서 애매하다. 그래서 이 회사의 직무 포지션에 대한 특징이나 속성을 알 수가 없다. 이렇게 간결하고 애매한 이유는 추측하건대 ① 직무 기술(Job Description)을 명확하게 만들지 않았거나, ② 경험이 적은 채용 담당자가 새로 왔거나, ③ 채용 담당자의 조직책임자가 관심·경험이 적어서 일 것이다.

일반적인 대기업의 채용공고를 보면 해당 업무에 대한 상세한 직무수행 내용, 학력·전공·경력 등 지원 자격, 우대자격요건 등이 잘 나와 있는 공고가 다수이다. 또 직무 내용은 기존 직무수행자가 어떤 일을 했는지, 어떤 일을 해야 하는지 해당 조직 내 역할 수행을 자세하게 기술하면 충분히 담을 수 있다. 회사 내부의 일에 대한 분석 자료(직무분석)는 지원자의 모집, 선발 과정에서 자격요건을 명확하게 제시하여 지원자에게 직무수행에 필요한 정보를 제공해야 조금이라도 적합한 지원자가 지원하기도 혹은 선발하기도 쉽다.

좋은 예시

구분	상세 내용
공고 명	콘텐츠 마케팅 중 IT 브랜드 커뮤니케이션 경력자 모집
직무 상세	전공 무관, 경영학·마케팅·심리학 관련 전공 선호

담당 업무	1. 마케팅 커뮤니케이션 패키지 기획 · 제작
	 - 고객 니즈 · pain points에 기반한 제품 Value Proposition 발굴
	   고객 경험 관점에서 이를 전달하는 최적의 key claim 도출, 이를 기반으로 한 크리에이티브 제작
	 - 제품 론칭을 위한 Key visual, USP · 브랜드 영상, 세일즈 킷, PR 등을 목적에 최적화하여 통합적인 콘텐츠 기획 · 개발
	2. 온라인 채널 콘텐츠 전략 수립 · 기획 · 제작
	   XX.com (OBS), e-commerce 사이트 (N 사 등) 대상으로
	 - 제품 · 브랜드 페이지, 프로모션 콘텐츠, 광고 배너 등 기획 · 제작
	 - 고객 행동 기반 콘텐츠 노출 효과 분석 (A·B test) 및 최적화 콘텐츠 개발 · 구성 · 제작

자격 요건	1. 필요 경력 및 Skills - 글로벌 기업 or 마케팅 Agency or 이커머스 기업에서 콘텐츠 제작 관련 직무 경험 - 콘텐츠 기획·제작 or 상품기획 or UX · UI 관련 업무 경험 - 타 부서(영업, 상품기획, 개발 등)와의 업무협력을 위한 커뮤니케이션 스킬 - Budget planning, 마케팅 에이전시 운영 관리 스킬 - Self-starting achiever, Organized, Details-oriented, 팀웍 중시 2. 직급 및 경력 기간 - 선임급 (총 경력 5년 이상), 유관 업무 3년 이상 3. 어학 자격 : TOEIC Speaking Level 7·OPIC 이상 또는 해당 수준의 영어 Speaking 역량 보유

간결하지만 잘 정리된 채용공고이다. 구직자가 지원할 만한 포지션인지에 대해 검토할 수 있는 데이터들은 다 들어가 있는 포지션이다. 구직자가 실제로 어떤 업무를 수행해야 하는지, 과거 내가 했던 경력 기술과 어떤 연관이 있는지, 내 경력 기간과 어느 정도 매칭이 되는지, 내가 보유한 자격으로 지원할 수 있는지를 충분히 살필 수 있다. 최소한 이 정도의 정보를 제공하는 것은 필수다. 즉, 지원 공고를 업로드한 후 지원자의 숫자에 의구심이 생긴다면 채용공고에 대해 필수인 사항들과 구체적인 사항들에 대한 점검부터 진행해 보자.

한편 구직자들은 채용공고를 보며 회사에 가장 궁금해하는 것은 입사 후 하게 될 업무겠지만, 한편 입사하게 될 회사에 대해서도 자세한 사항들을 궁금해한다. 이를 이유로 구직자들은 인터넷 서핑을 하며 시간을 쏟는다. 한편, 모 대기업에서는 이 부분을 간파하여 구직자들의 시간을 줄여주기 위해 노력한 하나의 사례를 소개하고자 한다.

구직자들이 궁금해할 사무공간, 조직별 업무에 대한 소개, 조직문화에 대한 소개를 홈페이지에 두었다. 특히 이를 영상으로 제작한 것이 특이점이다. 영상의 퀄리티는 직관적이며 직접적이고 또 재미도 있다. 다시 말해 영상을 통해 직무, 조직 분위기, 근무환경 및 같이 일하는 사람들을 소개한 것이다. 회사 앞에서 카메라를 들고 내부 직원이 자기소개와 함께 시작하는 영상은 마치 블로그나 유튜브 방송을 보고 있는 게 아닌가 착각하게 만든다. 방금 언급한 내용의 항목들을 간단히 정리해 보면 다음과 같다.

❶ 사무공간과 웰컴레터

첫 화면은 회사 건물 외부를 시작으로, 사무실 내부에 이어 본인 자리를 직접 촬영하면서 웰컴레터, 회사가 제공해 준 노트북과 모니터를 자랑하면서 '입사하면 어떤 공간에서 일하게 될지'를 영상으로 보여 준다. 이 화면을 보여 주면서 이 회사에서 일하고 싶은 느낌을 만들어 준다.

❷ 조직별 업무에 대한 소개

같은 층에서 근무 중인 채용팀, 조직문화팀 등의 자리를 보여 주며 각 팀이 어떤 일을 하는지, 어떤 인재를 희망하는지 인터뷰 형식으로 영상에 담아낸다. 지원자들은 이 영상을 통해 '입사하면 어떤 팀들이 있고, 그 팀엔 누가 있고 어떤 일들을 하는지'를 이해할 수 있게 된다. 영상을 통해 '회사에 이런 공간도 있구나, 사무실은 이런 모습이구나' 하는 것들을 바로 알 수 있게 되는데, '글로 적힌 채용공고'와는 확실한 차별화가 있다.

❸ 조직문화와 일하는 방식에 대한 소개

구직자들에게 회사의 조직문화와 일하는 방식은 중요한 요소다. 특히 일하는 방식과 관련해서는 요즘 CWO(Chief Work Officer)라고 전사의 일하는 방식을 리딩하는 임원, 일하는 방식을 관리하는 조직이나 담당자까지 생겨날 정도이다. 또 일하는 방식을 평가하는 기준

마련에 대한 것 또한 이슈가 될 것이다. 즉, 회사는 구직자의 관점에서 이런 궁금증을 회사의 직원을 통해 영상화하여 설명해 주었다. 이를 기반으로 구직자가 회사에 대한 이해도와 입사 후의 기대감을 높이도록 해주었다.

지금까지의 내용은 요즘 이슈인 챗GPT에서도 알 수 없는 개념으로 우리 회사의 직원끼리만 알 수 있는 내용이다. 또 채용공고는 절대 Posting으로 끝나지 않는다. Posting은 Filtering으로 이어지며 이를 통해 Recruiting 단계로 이어지는 것이다. 다시 말해 채용은 모든 것들이 연결된 활동이다. 단계별로 최적의 프로그램과 도구를 활용해야 한다. 그래야만 우리 회사에 맞고 우리가 원하는 인재를 뽑을 수 있을 것이다.

회사와 구직자 간 관계에서 좋은 결실을 보기 위한 첫 번째 원칙! 서로를 잘 알아야 한다.

Training
구직자를 깊이 있게
들여다보는 BEI 면접기법

BEI(Behavioral Event Interview)는 구조를 가진 면접의 한 형태로, 면접 프로세스와 내용, 평가 방법, 시간 운영 등 면접과 관련된 구성 요소 전체를 체계적으로 규정하여 운영하면서 면접 과정에서 가변적인 요소와 주관성을 최소화할 수 있는 기법이다. 일반적으로 BEI 라고 하는데, 같은 면접 질문을 같은 기준에 따라 제시하고 절대적 관점에서 비교할 수 있는 평가를 하게끔 되어 있다. 간단하게 BEI 프로세스를 살펴보자.

BEI 면접 Process

❶ [면접 전] BEI 기법에 대한 사전 OT 운영, 지원자 프로파일 및 관련 서류 숙지, 필요 질문 숙지
❷ [면접 중] BEI 기법에 따라 동일 질문 시행·평가(20분 운영, 면접관 4명·지원자 1~2명·질문당 5분 내외)
❸ [면접 후] 면접위원 간 회의 및 평가 진행(5분 운영)

앞 장에서 언급했던 내용을 상기해 보자. 그중 구조화 면접을 기억하는가? 구조화 면접은 사전에 평가하고자 하는 직무능력(역량), 질문, 절차, 평가 기준이 정해져 있는 면접 방식을 의미한다고 했다. 또 구조화 면접을 진행하기 위한 질문 기법이 있다. 대기업이라면 BEI 기법을 활용해 볼 것을 추천한다.

BEI 면접은 객관성 확보를 위해 1~2명의 지원자에 3명의 면접관이 배정되는 것이 필요하다. 1명의 경우 최소 20분, 2명의 경우 최소 30분은 시간을 배정해야 한다. 면접 종료 후에는 3명이 평가 결과를 검토함으로써 결과에 합의하고 평가지를 작성토록 해야 한다.

BEI 면접은 3명의 면접관이 배정되는 것이 필요한데 스타트업에서는 하나의 인터뷰에 3명의 면접관이 들어가는 게 생각보다 쉬운 일이 아니다. 인력이 많지 않기 때문이다.

반면, 대기업은 인원이 많기 때문에 인터뷰에 3명의 인원이 투입되는 게 스타트업보다 상대적으로 쉽다. 그래서 필자는 대기업에서는 BEI 면접 질문 기법을 활용할 것을 적극 추천한다.

지원자가 공모전 수상 경험이 있다고 했을 때 질문은 어떻게 할 것인가를 예로 들어보자. BEI 질문을 통해 공모전 수상에 대한 지원자의 준비 과정·상황·동기뿐만 아니라 Q&A 중 지원자의 성향이나 역량도 파악할 수 있다. 또한 답변 중 과장을 하는지, 직무와의 연관성도 확인할 수 있다.

Q 면접관 지원자님, 피자 브랜드 마케팅 공모전에 지원하셨다고 이력서에 적혀 있네요. 이와 관련하여 질문을 좀 드리겠습니다. 혹시 공모전에 참여하신 이유가 어떻게 될까요?

　A 지원자 평소에 마케팅 분야에 관심이 많았는데 제가 좋아하던 피자 브랜드에서 공모전을 한다고 해서 지원하게 되었습니다.

Q 면접관 그럼 공모전 준비를 위해 참여한 인원은 몇 명이나 될까요? 또 기간은 얼마나 소요되었나요?

　A 지원자 총 4명이 3개월간 진행하게 되었습니다.

Q 면접관 혹시 그럼 지원자님은 구체적으로 어떤 역할을 하셨어요?

　A 지원자 저는 팀 전체를 리딩하는 역할을 맡았습니다. 팀원들의 스케줄을 관리하며 일정을 조율하고 업무를 분담해 주고 중간에 해결해야 할 사항들을 책임지고 정리해 주었습니다.

Q 면접관 그럼 수상을 위해 지원자님께서 이바지한 부분은 어떤 게 있을까요?

　A 지원자 저는 공모전 최종까지 올라가서 직접 발표를 맡아 경쟁자들과 심사위원 앞에서 발표하며 심사위원들의 문의 사항에 직접 질의응답을 하였습니다.

Q 면접관 수상이 가능했던 이유 중 자신이 보유한 역량과 관련된 행동은 무엇이 있을까요?

　A 지원자 전 문제해결 능력에 강점이 있습니다. 발표 후 질의응답 시간 때 누구도 쉽게 답할 수 없는 질문을 받았습니다. 저는 그 부분에 대해 저희 팀원 아무도 답하지 못하고 당황하고 있을 때 직접 나서서 답변하였고 심사위원분들로부터 박수를 받았습니다. 이 행동이 저의 강점이 빛을 발한 행동이 아니었을까 싶습니다.

'21년 4월, 316개 기업을 대상으로 한 취업포털 사람인의 설문에서 가장 중요한 인재상은 책임감과 문제해결 능력, 위기 대응능력, 소통 능력, 성실성 순으로 나타났다. 만약, 면접 장면에서 '책임감'을 검증하기 위해 BEI 형태로 질문한다면 그 형태가 완벽하게 달라진다. 과거에는 -어쩌면 현재에도- 이런 형태의 질문이 많았을 것이다. BEI 질문으로 바꾼다면 어떻게 달라져야 하는지 알아보자.

[기존]
- 본인이 원하지 않는 업무에 배치되면 어떻게 하실 건가요?
- 혼자서 해내기 어려운 업무를 준다면 어떻게 하실 건가요?
- 자기 잘못을 책임지지 않는 사람을 보면 어떤 생각이 듭니까?
- 주말에 팀 업무로 출근해야 하는 상황이 생긴다면 어떻게 하실 건가요?
- 중요한 약속으로 퇴근하는 중 상사가 타 부서 업무지원을 지시한다면 어떻게 하실 건가요?

[BEI 질문]
- 본인이 원하지 않은 일을 맡아서 완수한 사례가 있을까요?
- 혼자서 해내기 어려운 과제를 협력해 해결한 사례가 있을까요?
- 자신 본인의 실수나 잘못을 책임진 경험이 있나요?
- 본인이 팀 지향적인 사람이라고 입증할 만한 구체적인 경험이 있나요?
- 본인의 책임 범위를 벗어나 팀(조직, 타인)을 위해 이바지한 사례가 있을까요?

BEI는 앞서 언급한 것처럼, 과거의 행동을 근거로 미래를 예측할 수 있다. 아직도 지원자의 의지를 확인하는 질문을 하고 있다면, 예시에서 나타난 것처럼 질문을 바꿀 필요가 있다. BEI 운영을 위해

꼭 필요한 것은 바로 면접관에 대한 사전교육이다. 특히 BEI 경우 지원자의 답변에 연이은 질문을 할 수 있어야 하며, 평가 방법에 대해 확실하게 인지하고 있어야 제대로 된 평가가 가능하다.

BEI를 잘 활용하고 싶다면, 면접관은 지원자의 이력서와 자기소개서를 꼼꼼하게 숙지하고 지원자의 과거 경험 중에 질문할 것을 미리 준비해야 한다. 또한 지원자의 특정 이력이나 경험에 대해 질문할 것을 정했다면, 어떤 역량을 검증하고자 할 것인지도 정해야 한다.

즉, 대기업에서는 BEI 질문 기법을 활용할 때 정해진 질문과 평가 기준을 통해 평가를 진행함으로써 면접관은 지원자를 더 잘 파악할 것이며 공정한 평가 및 타당성 높은 평가를 이행하는 데 수월할 것이다.

면접이라는 자리에서 '말'이 차지하는 부분과 영향력은 어마어마하다. BEI와 같은 정해진 질문 패턴과 평가 기준은 그 영향력을 더 높여 줄 것이다.

Lock-In
대한민국 최고 기업의 New Comer Welcoming Party 사례

　모든 채용은 최종 합격 발표로 마무리된다고 생각하는 경우가 많다. 하지만 채용은 그것으로 끝난 것이 절대 아니다. 발표 이후에도 합격자들은 '이 회사가 맞나?', '연봉이나 복지가 더 좋은 회사는 없나?', '나랑 어울리는 조직문화인가?' 등을 고민한다. 실제, 합격 발표 이후에도 입사 포기를 하는 경우가 종종 있다. 신입사원들은 '낯선 공간에서 낯선 사람들과 낯선 일을 할 것'이라는 막연한 두려움과 걱정하고 있다. 신입사원들이 합격 통보를 받고 고민하는 바로 그 시점, 정식 입사하는 날 이전에, 그러한 걱정을 해소하기 위해 도입했던 것이 바로 New Comer Welcoming Party이다.

첫째, 신입사원을 누가 챙길 것인지 결정한다. 신입사원 1명과 선배 사원 1~2명과 매칭한다. 이때 선배 사원들은 신입사원과 같은 대학교(더 욕심낸다면 유사 전공)이어야 하며, 회사에서 일 잘하고 관계 구축을 잘하는(더 욕심을 내고, 가능하다면 핵심 인재) 2년에서 4년 정도 근무한 직원으로 구성한다.

둘째, 어디서 만나고 무엇을 할지 결정한다. 회사에서 하거나 호텔과 같은 외부 시설에서 할 수 있다. 회사에서 한다면 아무래도 홈 구장이기 때문에 현업 입장에서 편하고, 예비 신입사원들도 회사에 미리 방문한다는 좋은 측면이 있다. 또는 신입사원들에게 임팩트를 주기 위해 '루프탑 펍'처럼 잘 차려진 공간과 맛있는 음식, 자랑하고 싶은 멋진 선물, 나와 같은 배를 타게 된 '내 입사 동기', 따뜻하게 맞아주며 회사 생활에 대해 자상하게 알려 주는 동문 선배로 신입사원들은 감동하고 안심시켜 Lock-in 하게 된다.

Welcoming Party를 공식적으로 마치면, 신입사원들과 선배 사원들이 그룹을 이루어 앞선 자리에서 하지 못했던 이야기를 나누기 위해 그룹별로 이동한다. 물론, 회사에서 모든 비용을 지원해 준다. 이 프로그램을 통해 신입사원은 입사하기도 전에 동기를 만나고, 회사 내 대학 선배를 만나면서 관계를 형성하고, 미래 회사 생활에 대한 기대와 설렘, 안심과 평온함을 갖게 된다.

셋째, 입사 전후 Caring 활동 점검이다. 신입사원을 대상으로 입사 전후 챙겨야 할 부분이 있는지, 어떤 것들을 회사 차원에서 지원해야 하는지 선배 사원을 통해 확인하게 된다. 이 단계에서는 이력서나 자기소개서에 나타나지 않은 개인사(?)에 대해 자세하게 알게 된다. 선배가 신입사원의 걱정을 들어주고, 생각지도 않은 회사 차원의 지원을 받게 되면, 신입사원들은 자연스럽게 로열티가 생기게 되고, 이런 애사심으로 회사 업무에 더 몰입하게 된다.

New Comer Welcoming Party는 채용 담당 리더의 지원이 확실하게 보장되어야 한다. 아직 입사하지 않은 인원에 대해 비용을 쓴다는 것을 어떻게 받아들이냐에 따라 비용의 가치가 달라지는 것이다. 단순히 파티 비용뿐만 아니라 선물 등의 부수적인 부분과 참여한 선배들의 시간까지 비용으로 환산한다면 큰 비용이다. 하지만 이런 기회를 통해 합격한 인원들의 입사 포기를 줄이고 좋은 인재를 확보할 수 있다면, 그만큼 기회비용을 줄일 수 있다. 이런 생각을 채용 담당 리더는 넓게 사고하며 결정할 수 있어야 한다.

새로운 시작을 응원받는다는 것

누군가에게 환영받는다는 것

누구든 행복을 느낄 것이다.

응원하고 환영하자.

신규 인원에 대해 높은 성과를 기대하는 것만큼...

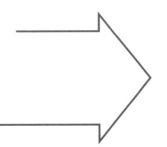

Branding
입사할 회사에서
내가 하는 일은

회사의 다양한 직무를 정확하게 알고 있는 사람은 많지 않다. 채용공고의 중요성이 여기서 드러나는 것이다. 자세한 공고여야 입사 후 할 일을 명확하게 알 수 있고 구직자가 입사하더라도 시행착오 과정을 줄일 수 있다. 특히 신입의 경우 희망 직무에 대해서 어떤 경로를 접하더라도 정확히 아는 것은 어렵다. 구직자가 해야 할 일에 대해 정확히 모르고 입사를 하게 되면 회사에 대한 몰입도 감소 및 회사에서의 성과에도 영향을 줄 것이다. 이러한 문제를 해결할 수 있는 모 기업의 좋은 콘텐츠가 있어 소개하려 한다. 바로 '들어가고 싶은 회사에 지금 다니고 있는 사람들의 이야기'이다. 복잡하지 않으며 구직자의 눈에 맞게 직무를 잘 소개하고 있는 것이 주요 특징이다.

해당 회사가 홈페이지를 통해 소개하는 직무는 6가지(마케팅, 영업, 기획, R&D, Infra, Staff)이며 의외로 간단하다. 복잡하고 세밀한 직무까지 소개하는 대신 구직자 눈높이에서 단순하고 가볍다. 또 직무에 대한 소개와 관련하여 재직 중인 현업 구성원과 인터뷰한 것을 콘텐츠화하여 제작하였다. 직무 소개 첫 페이지는 다음 그림과 같이 큰 카테고리에서 3개 정도의 직무를 간단히 언급하였다.

구성원의 인터뷰를 클릭하면 실제 재직자의 사진과 이름이 나오며 직무에 관한 이야기를 인터뷰 형식으로 제공하고 있다. 마케팅팀의 직무를 예로 들어 인터뷰화 한 질문은 다음과 같다.

- 마케터에게 필요한 역량은 무엇인가?
- 해당 직무의 역량을 쌓기 위해 무엇을 준비하면 좋을까?
- 마케터로 입사하려면 반드시 관련 학과를 나와야 할까?
- 마케팅 직무에 맞는 성격은 무엇인가?
- 마케팅 직무에 지원하는 미래의 동료들에게 어떤 조언을 하고 싶은가?

채용 담당자들이 채용 브랜딩을 고민하면 자연스럽게 알게 되는 것이 바로 'Realistic Job Preview'라는 개념이다. 이는 기업이 신입 사원을 채용하는 과정 중에서 직무의 장단점을 알리는 소통의 수단으로 활용하거나 직무 특이성을 알리는 수단으로 활용하는 도구라 할 수 있다.

채용 브랜딩은 기업의 브랜딩이다. 구직자들은 기업의 문화, 일하는 방식, 팀 문화, 직무에 대한 소개, 회사의 복지가 궁금하다. 가장 중요한 것은 내가 입사하고 싶은데, 어떻게 무엇을 준비하면 될지 알고 싶어한다는 것이다. 채용 브랜딩을 잘하고 싶으면 잘하고 있는 회사의 활동을 살펴보자. 그리고 우리 회사에 맞게, 솔직하고 세련되게, 전략적으로 우리 회사를 표현하는 것부터 꾸준하게 실행해 보자.

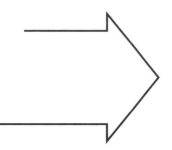

채용 브랜드와
조직문화 사이

HR 업무를 처음 접했을 때, 들었던 말이 있다.

'인사(人事)가 만사(萬事)다.'

우리 회사에 우수한 인재, 알맞은 인재를 뽑아 잘 유지해 필요한 조직에서 성과를 내도록 하는 것이 HR의 가장 큰 역할이라고 배웠다. 사람과 관련된 일을 하는 가장 접점에 있는 조직 중 하나가 HR이며, 특히 외부 인재를 영입하는 채용 파트의 역할은 단지 채용 사이트에 공고를 내고, 이력서를 검토하고, 면접을 보는 등의 단순 업무로만 생각하면 안 된다는 나름대로 철학이 생긴 것도 그런 이유에서이다.

그런데도 여전히 꽤 많은 조직은 채용의 중요성을 종종 잊는 것 같다. 필자가 경험한 회사 중에도 이제 막 사회생활을 시작하는 신입사원들에게 채용부터 신입사원 입문 과정과 리텐션 등을 맡기는 경우들이 있었다. 팀 내 업무 R&R을 정하면서 신입사원의 눈높이에서 채용 프로세스와 입문 과정을 좀 더 효과적으로 개선해보라고 하며, 과업을 부여하는 것은 물론 박수쳐 줄 수 있다. 다만, 꽤 많은 회사가 채용과 신입사원 입문 과정을 회사 교육의 Basic 코스 정도로 생각하는 것은 문제다.

이미 국내에서는 생산인구가 감소하기 시작했고, 채용시장에서 우수인재의 채용은 기업의 생존전략이 되었다. 실제로 남들보다 몇 발 더 앞서 전략적으로 채용에 많은 인력과 자원을 투자한 회사들은 실제로 우수인재 유치에 있어서 구체적인 성과를 내고 있고, 더 무서운 것은 그 틈을 줄이기에 후발 주자들은 점점 더 어려워질 수 있다는 것이다. 이처럼 우리가 전략적 채용을 계속해서 언급하고, 각 회사의 채용 브랜딩이 이제는 트렌드가 아닌 필수 요소인 점을 알아야 한다.

최근 3년간 각종 채용 포털사이트에서 발표한 구직자들이 직장을 고려하는 대표적인 요소들을 정리해 보면 조직문화와 연봉이 빠지지 않고 등장한다. 그 회사의 경영성과와 비즈니스 환경에 따라 차등이 있을 수밖에 없는 연봉은 규모와 관계없이 각 회사에서 컨트롤 할 수 없는 요소이기에 차별화된 채용전략과 채용 브랜딩을 위해서 우리는 조직문화에 관심을 가져야 한다.

최근 코로나를 통해 우리가 경험한 원격근무와 하이브리드 워크

등은 확실히 일하는 문화에 많은 변화와 인식을 가져다준 것이 분명하며, 이는 회사의 각 리더에게도 아주 큰 챌린지가 되었다. 우리가 일반적으로 알고 있는 조직문화는 변화하기 힘들다. 하지만 조직문화는 조직 내 구성원들 사이에서 살아 숨 쉬고 있다. 이에 따라 조직문화의 가변성은 존재한다. 지금과 같은 변동성이 크고 불확실성이 지속되는 시장환경에서 기업은 유연한 조직문화를 가져야 한다. 하지만 모든 회사가 유연하게 바뀌긴 힘들다. 우리의 구성원이 우리의 비즈니스가 어떤지에 따라 그에 맞는 조직문화를 찾아가는 노력이 각 회사에서는 필요하다.

이제부터는 회사의 팀장이자 매니저로서 어떻게 조직문화를 인식하고 접근해야 하며 바르게 작동하는 조직문화를 만들기 위해 어떤 노력을 해야 하는지 경험을 바탕으로 한 이야기를 해 보고자 한다.

조직문화의 3 why

조직문화는
기업브랜드다

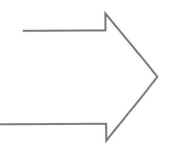

우리는
조직문화 시대에 살고 있다

바야흐로 조직문화의 전성시대이다. 매년 주요 그룹의 총수들이 신년사에 조직문화에 대한 언급이 심심치 않게 등장하다가, 구직자 사이에서도 본인이 취업하려고 하는 기업의 조직문화가 어떤지를 파악하는 것이 중요한 포인트가 된지 오래다. 다양한 구직자를 대상으로 한 설문에도 보면 조직문화가 중요도 부분에서 항상 상위권에 머물러 있기도 하다. 내가 몸담은 혹은 앞으로 내가 다녀야 할 직장과 조직이 일하기 좋은 곳인지, 남들이 보더라도 좋은 직장인지에 대한 기준이 예전에는 연봉과 고용의 안정성이 우선적이었다고 하면, 지금은 회사 내 분위기 즉, 조직문화와 나의 성장과 업무에 몰입할 수 있는 부분인 근무환경, 복지 등에 대한 관심도가 상대적으로 훨씬 높아진 것이다.

지난 2022년 8월 시장조사 전문기업 엠브레인 트렌드모니터에서 전국 직장인 1,000명을 대상으로 직장생활 만족도에 대한 조사에도 여전히 직장생활이나 구직(이직) 활동에서 가장 먼저 고려하는 요소는 연봉이었다. 우리가 잘 알고 있는 프로 스포츠 선수들도 본인의 몸값, 연봉을 통해 자신의 가치를 인정받고 싶어하듯이, 프로 직장인들도 마찬가지이다. 그리고 이어서 근무환경, 워라밸, 소통 등의 조직문화적 요소들이 순차적으로 설문 결과에 중요하게 포함되어 있었다. 이는 다른 HR 분야 설문조사와 크게 다르지 않다.

이러한 트렌드를 반영하기에 실제 사회 전반에서도 조직문화와 관련된 HR 분야의 책과 글이 여러 전문가와 실무자들을 통해 쏟아져 나오고 있다. 연중 기획되는 조직문화 트렌드와 관련된 콘퍼런스와 오픈 강연은 많은 MZ세대에게 그리고 기성세대에게도 큰 관심사가 되고 있다. 각 기업에서도 해당 조직의 변화를 위해 먼저 꼽는 것이 조직문화이다.

'어떻게 하면 조직문화를 더욱 발전시킬 수 있을까?', '어떻게 하면 조직문화의 변화를 가져올 수 있을까?'의 논거는 과거에도 화제였고 앞으로도 계속 논의될 내용이라 생각된다. 앞서 채용 트렌드에서도 보듯이 이제는 조직문화에 대해 긍정적 변화를 지속해서 추구하는 조직이 아니라면 우수한 인재들이 해당 기업에 이력서를 제출할 이유가 줄어들 것이다. 전 세계적으로 우수인재 확보에 엄청난 노력을 하는 요즘 조직문화의 의미는 기업의 생존과도 직결되는 핵심 이슈이다.

실제로 많은 기업이 이제는 조직문화를 다루는 전담 조직을 두거나, 최소 조직문화 기능을 하는 담당자를 두는 것을 흔하게 볼 수 있다. 상대적으로 HR 부서 인력의 가용 인원이 여유가 있는 대기업이나 중견기업에서는 기존 HR 조직에서 따로 분리해서 조직문화팀, 인재문화팀, Culture & Growth 팀, Employee Experience 팀 등다양한 팀명으로 구성이 되기도 한다. 해당 부서 내 인적 구조가 타이트한 경우는 HRD 파트나 채용 파트에 있는 실무진들이 해당 과업을 추가로 맡아서 하는 경우도 쉽게 확인할 수 있다.

물론 각 기업의 구조적인 특성과 규모에 따라서 다양하게 전개할 수가 있다. '전체 사원 수의 1%'처럼 선을 그어 획일적으로 운영하는 것은 정답이 아닐 것이다. 꽤 많은 스타트업에서도 초기에는해당 비즈니스의 핵심 기술과 아이템 개발에 집중을 먼저 하지만,곧 우리 회사의 아이덴티티, DNA, 조직문화를 만들어야겠다는 생각에 곧 이르게 되고, 그에 맞춰서 CEO와 경영진의 의지에 따라서조직문화에 대한 구성원 비중을 먼저 고려하는 경우도 쉽게 볼 수있다.

토스의 이승건 대표도 여러 매체의 인터뷰를 통해 토스의 조직문화에 대한 고민과 노력을 얘기한 적이 있다. 토스에서 문화가 차지하는 비중은 바로 토스 구성원 스스로가 얘기하는 '생존전략', '승리전략'이다. 토스가 추구하는 핵심 가치인 '고객 중심적 사고'를 실현하기 위해서, 조직을 어떻게 구성하고, 구성원들이 어떻게 일하며, 일을 통해 어떤 가치를 줄 수 있을 것인지에 꾸준히 구성원들과 소통하고 같이 만들어 가면서 지금의 토스를 있게 만들었다고 할 수 있다.

　토스의 조직문화 담당들을 CE(Culture Evangelist)라고 하는데, 토스의 업무처리 방식이 애자일 조직의 프로젝트 단위 업무가 대부분이기에 매일매일 'Everyday Culture'를 실현하기 위해 노력하고 있다. 또한 토스는 채용 프로세스에서부터 높은 역량과 토스의 핵심 가치를 공유할 수 있는 인재인지 검증하고, 일을 통해 구성원이 성장할 수 있도록 최고 수준의 업무몰입 환경을 만들기 위해 회사에 있는 시간 동안에는 모든 업무적인 지원을 아끼지 않으며, 사내 대부분의 정보를 투명하게 공유하여 구성원 스스로가 자발적으로 업무를 추진할 수 있는 일하는 문화가 지금 토스의 조직문화라고 할 수 있다.

　토스의 조직문화 사례는 조직문화에 대한 고민을 통해 자신들만의 Culture를 구축한 대표적 사례겠지만, 다른 조직에서도 이와 같은 문화가 잘 작동된다는 보장은 없다. 이는 모든 사람이 동의할 것으로 생각한다. 해당 조직의 조직문화는 그 조직만의 아이덴티티가 있어야 한다.

　이렇듯 지금의 시대적 요구는 모든 기업에 조직문화를 한 번쯤은 점검해 볼 필요가 있도록 만들고 있다. 상대적으로 대기업 등 전통적 비즈니스 모델 기업의 보수적인 조직문화에서도 변화와 유지 사이에서 어떤 것이 우리 조직이 생존을 위해 나아가야 할 것인가에 대한 고민이 필요하다. 스타트업의 경우에도 조직문화의 중요성은 불확실한 시장 상황에서 지속적인 성장을 위해 반드시 해결해

나가야 할 과제이기도 하다.

　그래서 많은 기업이 저마다의 방식으로 사내 조직문화 담당자를 채용하거나, 새로운 조직을 구성하는 등의 변화를 꾀하고 있다. 이러한 갑작스러운 변화가 자연스럽게 적용되는 일도 있지만, 꽤 많은 곳에서는 현실적인 어려움도 분명 보이는 것 같다. 예를 들어 처음부터 조직문화 담당자로서 오랫동안 커리어를 쌓아 온 구성원들이나 인재의 채용부터 조직문화 구축 및 활동에 대한 초기 진입이 어렵지 않은 경우도 있지만, 오히려 그렇지 못해 조직구성과 역량 있는 인재의 채용부터 어려움을 겪는 경우도 심심치 않게 확인할 수 있다.

　모 국내 제조업 회사에 다니는 주변 지인 중 하나는 얼마 전에 자사 공장 지원팀 소속으로서 노무관리를 담당하다가 이번에 해당 공장 내 조직문화 담당자가 되었다고 한다. 지금까지 공장에서 했던 HR 지원 파트의 업무와 전혀 다른 분야의 내용들을 새롭게 익혀서 만들어 나가야 하는 입장이다 보니, 본인 주변의 도움을 받기 위해 관련된 자료나 정보를 열심히 수집하는 중이었다. 비단 이런 경우가 해당 회사만 그런 것은 아니고, 최근 조직문화에 대한 이슈로 변화가 이뤄지고 있는 기업 대부분에서 보여지는 현상 중 하나이다.

　실제로 최근 몇 년 동안 HRM이나 HRD 파트의 외부 강연이나 모임에서 만나는 사람들을 보면 기존에 본인 커리어와 무관하게, 그리고 지금까지 조직문화에 대한 역할과 기능을 충분히 학습하거나 경험하지 못하고 갑자기 조직문화 파트에서 일하거나, 해당 부서의 리더로서 임무를 수행해야 하는 어려움을 토로하는 경우도 자주 목격하게 된다.

확실한 것은 기업 대부분에서 최근 겪어보지 못한 코로나 상황에서의 비대면과 하이브리드 근무환경, DT(Digital Transformation) 시대에서의 급변하는 디지털 환경에 생존하기 위한 새로운 전략으로 조직문화 카드를 꺼내 들었다. 갑작스러운 시대적 요구에 조직도, 구성원도, 실무자도 모두가 조직문화에 대해 학습하는 중이다.

▌조직문화는
▌그 기업의 브랜드

'언제부터 이렇게 수많은 기업이 조직문화에 관심을 가졌던가?'라고 돌이켜 본다면 조직문화 자체는 경영학의 조직행동에서 다뤄지는 주된 내용이기에 경영학의 주요 이론들과 더불어 조직문화에 대한 다양한 정의와 그에 관한 연구는 꾸준히 진행되어 온 것으로 확인된다.

지금 당장 포털 사이트에서 '조직문화'를 입력하고 확인해 보면 수많은 연구논문, 관련된 아티클 등이 수천만 개가 검색되는데, 이 외에도 방대한 양의 데이터들이 지금도 계속 생성되는 중이다. 그만큼 조직문화는 우리가 익숙하게 접할 수 있었던 용어이고 개념이다.

그렇다고 또 한마디로 정의하기는 까다로운 것도 사실이다. 실제로 "조직문화가 뭐야?"라고 물어본다면 각각 개인이 중요하게 생각하는 조직문화 요소의 정도와 내용의 차이가 있다. 조직문화라는 것 자체가 조직마다 그리고 사람들이 살아 온 환경적인 요소에 따라 재정의되는 면이 강하기 때문에 다양한 답변이 나온다.

조직문화에 대한 개념이 생긴 이래로 많은 학자를 통해 시대별로, 접근하는 방식별로 조직문화에 대한 정의는 관점도 다르고, 개념도 변하고 있다. 하지만 일반적으로 정의할 수 있는 요소들은 분명히 존재한다.

그동안 조직문화를 연구해 온 많은 석학의 이론을 다 나열하지는 않겠지만, 조직문화에서 가장 먼저 거론되는 에드거 샤인(Edgar H. Schein)이다. 그가 정의한 조직문화는 '한 집단이 외부 환경에 적응하고 내부를 통합하는 과정에서 그 집단이 학습하여 공유된 가치'이다.

에드거 샤인의 조직문화에 대한 관점 등은 이 책에서 언급하지 않겠지만, 조직문화를 처음 접하는 사람들이라면 한 번쯤은 그의 책을 읽어 보길 권한다.

한편 최근 오픈AI로 새로운 DT 생태계를 만들어가고 있는 챗GPT에서 조직문화에 관한 내용을 질문하면 다음과 같이 정의하고 있다.

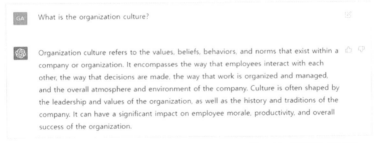

오픈AI 챗GPT의 조직문화에 대한 답변

챗GPT는 조직문화를 "조직문화란 기업이나 조직 내에 존재하는 가치, 신념, 행동, 규범 등을 말한다. 직원들이 상호 작용하는 방식, 의사결정을 하는 방식, 업무를 조직하고 관리하는 방식, 그리고 회사의 전반적인 분위기와 환경을 포함한다. 문화는 종종 회사의 역사와 전통뿐만 아니라 조직의 리더십과 가치에 의해 형성된다. 이는 직원들의 사기, 생산성, 그리고 조직의 전반적인 성공에 큰 영향을 미칠 수 있다"라고 답변하였다.

오픈AI가 얘기한 내용을 심오하게 받아들일 필요는 없지만, 해당 내용은 이미 상당히 많은 기존 이론가들이 정의해 온 내용을 토대로 일반인도 쉽게 이해할 수 있을 만큼 충분히 필요한 내용과 개념을 담고 있다. 조직문화란 일반적으로 한 조직, 집단의 구성원들이 공유하고 있는 가치관, 신념, 관습 등을 모두 말하는 것으로 해당 조직과 구성원의 행동 및 의사결정, 일하는 방식 등에 영향을 주는 가장 기본적인 개념이라고 할 수 있다.

결국 해당 기업의 조직문화를 하나하나 열거하다 보면, 그 기업을 상징하는 하나 혹은 여러 가지의 이미지 및 브랜드로 귀결된다. 우리가 삼성, LG, SK, 현대 등의 대기업을 떠올릴 때 느껴지는 그 회사의 이미지와 MZ세대가 가장 일하고 싶은 '네카라쿠배당토직야'에 속해 있는 회사들을 떠올릴 때의 이미지가 각각 다를 것이다.

우리는 직접 그 회사에 다니지 않더라도 그 회사 홈페이지에 있는 핵심 가치와 기업의 미션, 평소 그 회사의 직원 모습, 그 회사에서 생산되는 제품이나 상품 그리고 그 회사가 대외적으로 하는 여러 가지 활동들(광고, 이벤트, 사회공헌 등)을 통해 해당 회사의 가치를 자연스럽게 정의 내릴 수 있게 된다.

　우리가 잘 알고 있는 LG전자의 이미지와 브랜드 가치에 대해 예를 들어보자. 각자가 가진 LG전자의 경험은 다양하므로 LG전자를 바라보는 생각들이 다를 수는 있다. 삼성전자와 직접적으로 많은 분야에서 경쟁적인 부분도 있었고, 최근 스마트폰 시장에서 철수하는 등의 어려움도 있었던 LG전자이다.

　잡코리아 등 채용정보를 제공하는 업체에서 일관되게 나오는 키워드에는 친근함 등 인간적인 면모와 겸손이라는 키워드 등이 눈에 띈다. LG그룹이 가진 경영이념인 '인화(人和)'가 그러한 이미지를 많이 가져다준 것으로 보이며, LG그룹에서 사회 전반에 숨은 영웅들에게 수여하는 'LG의인상' 등도 LG의 브랜드 가치를 만드는데 이바지를 하였을 것이다.

　또한 한때 LG전자의 마케팅에 대해 이슈가 되었던 적이 있는데, 요지는 LG전자가 마케팅을 잘하지 못한다는 것이었다. 좋은 제품에 대한 기능적인 홍보가 충분히 잘 전달되지 못해 사용자들이 직접 제품의 우수성을 바이럴 마케팅으로 홍보하는 재미있는 사례들도 여전히 남아 있다.

　현재의 LG는 4세 경영인인 구광모 회장이 '사람 중심 경영'에 변화와 혁신을 기반으로 한 '성과주의 문화'와 구성원의 창의성 발휘에 필요한 '수평적 조직문화' 등을 통해 새로운 LG의 문화를 만들어 가는 중이다.

　다음의 이미지는 LG전자가 '소통'과 '즐거움' 등 8가지 핵심 가치를 중점에 두고 2022년 5월에 발표한 조직문화 개선 활동의 내용이다. 11가지 LG전자 리인벤트(REINVENT) 가이드는 사내 임직원을 대상으로 한 설문에서 소통과 보고의 어려움, 느린 실행력 등을 개선하기 위한 LG전자의 새로운 도전이다.

실제 LG전자의 조주완 대표이사는 '변화를 주도하는 기업들은 강력한 조직문화를 가지고 있다'라는 확신을 하고 새로운 조직문화에 공감대 형성을 위해 노력하고 있다.

LG전자 REINVENT GUIDE

기존 보수적인 문화를 가진 기업 중에서 변화를 위한 도전에 먼저 조직문화를 개선하려는 움직임들이 많이 보인다. CEO가 직접 관여하고 관심을 두고 지속해서 작동하는 조직문화는 성공 가능성이 커지게 된다. 먼저 구성원들이 변화를 느끼고 자신들이 일하는 방식에서 혁신과 변화를 추구하게 될 것이며, 이를 통해 만들어지는 제품에 대한 기대치와 실제 우수한 제품과 서비스가 고객에게 우수한 경험으로 제공이 된다면, 기존의 LG 브랜드가 가진 긍정적인 이미지와 기업 가치는 더 높아질 것이다. 조직문화 변화를 위한 움직임에서 시작된 이러한 활동들이 LG를 비롯한 많은 기업에서 성공 사례들로 계속 나올 것이라 보인다.

한편 데니스 리 욘이라는 브랜드 전문 컨설턴트는 최고의 브랜드와 그렇지 않은 브랜드가 구분되는 가장 근본적인 이유가 바로 조직문화에 있다고 얘기한 적이 있다. 해당 기업만의 독특한 조직문화를 만들어가는 과정에서 조직 내부적으로는 구성원에게 새로운 영감을 주고, 외부 고객에게도 명확하게 그들의 브랜드 아이덴티티를 만들어 준다는 것이 그가 말하고자 하는 내용이었다.

쉽게 말해서 해당 기업의 브랜드가 그 회사의 조직문화, 내부의 구성원을 통해 나타나는 가치, 행동, 일하는 방식, 의사결정 구조 등과 일치할 때, 구성원이 더욱더 몰입하고 혁신적인 결과물을 만들어 내며, 외부 고객도 그를 통해 진정성 있는 제품과 서비스에 대한 브랜드 가치를 신뢰하게 되는 것이다.

앞에서 언급했던 조직문화 개선 활동의 사례들을 보더라도 기업의 브랜드 가치는 해당 기업의 조직문화 수준과 밀접한 관계를 하게 된다는 것을 알 수 있다. 특히 HR 관점에서는 채용 브랜드와 연계하여 현실적으로 기업의 브랜드 가치에 대해 체감하게 된다.

흔히 특정 기업에 취직을 바라는 구직자라면 여러 가지 채용정보 사이트(잡플래닛, 블라인드, 원티드 등)를 통해 해당 기업의 정보를 수집하게 된다. 재무적 관점의 여러 가지 객관적 지표들을 포함한 실제 해당 기업을 경험한 사람들의 긍정적이거나 부정적인 피드백까지 모든 것이 오픈되는 세상 속에서 우리는 기업의 수많은 정보를 스마트폰에서 다 확인할 수 있다. 그런 정보를 통해 해당 기업의 가치가 단순히 별점으로 매겨지는 부분은 편리하기도 하지만, 한편으로는 아쉽기도 하다.

그러나 그러한 모든 것들이 종합적으로 해당 기업의 조직문화를 판단하는 지표로 연결이 되고, 그러한 판단을 한 구직자는 해당 기업의 가치를 브랜드로써 인식하게 된다.

구직자의 경우 더 면밀하게 해당 회사에 대한 정보를 파악하고 수집하기 때문에 더욱 신뢰도가 높은 판단 기준을 마련할 수 있다. 일반적인 기업으로서 고객이 되는 사람들은 본인이 직접 혹은 간접적으로 경험한 제품과 서비스의 품질 등으로 해당 기업에 대한 가치 판단을 하게 된다. 더 긍정적인 고객 경험을 한 사람이라면 해당 기업의 브랜드에 대해 상대적으로 높은 충성도를 보일 것이며, 그 반대의 경우는 굳이 언급하지 않아도 될 것 같다.

조직문화는 단순히 HR 부서 혹은 HRD 부서가 전통적으로 해오던 조직개발 정도 수준으로만 생각하면 안된다. 기업의 브랜드 가치를 높일 수 있는 전략적 활동으로서 CEO를 비롯한 전사 관점에서 조직문화를 바라보고 접근하는 움직임이 최근 많은 기업에서 나타나고 있다.

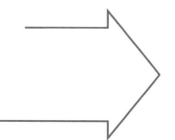

조직문화가
몰입을 결정한다

구성원이
일하고 싶어 하는 회사

10년 전 즈음에 회사에서 '주인의식'이라는 주제를 갖고 전 사원을 대상으로 교육 프로그램을 개발한 적이 있었다. 기획 단계에서부터 치밀하게 준비하였고, 수개월 동안 사내 설문과 인터뷰는 물론 계층별, 직무별, 각 사업 부문별 커스터마이징하여 각종 툴과 교보재 등을 만들었다. 수십 개의 교육 차수와 관련 행사를 준비하고 운영하는 동안 HRD 부서의 모든 인력이 붙어서 1년 내내 많은 고생을 했었다. 그런 노력의 결과물과 구성원의 변화 등에서 긍정적인 평가를 받아 그해 우리 부서가 연말에 대표이사상을 받으면서 아름답게 마무리됐던 기억이 있다. 그 당시를 같이 경험했던 임직원들에게는 교육장에서 있었던 많은 에피소드와 그 이후에 팔로우업(Follow-up)되었던 다양한 이벤트와 행사로 인해 지금까지도 소소한 이야깃거리가 되곤 한다.

처음 기획했었던 당시에 시작점이 바로 이것이었다.

"GWP(Great Work Place), 구성원이 다니고 싶어하는 회사를 만들어 보자."

그 당시 회사의 환경은 2008년 국제 금융위기 이후 수년간 겪은 저성장과 내부적인 구조조정, 연봉동결 등 어려운 경영 환경 속에 있었고, 그런 힘겨운 노력과 혁신에 혁신을 거듭하며 조금씩 제 모습을 찾아가고 있을 시기였다. 그즈음 조직 내에서 탑다운(Top-down)으로 심도 있는 고민이 필요한 업무 지시가 있었고, 관련된 여러 부서에서 다양한 솔루션들이 제시되었던 것으로 기억한다. 인사팀의 복지제도 개선과 사원 만족도 조사 등을 통한 임직원의 애로사항 해결 등이 대표적인 사례였다.

그중 하나가 전 사원들에게 다시 한번 동기부여를 할 수 있는 솔루션이 필요했고, 당시 신입사원 교육이나 일부 직무교육 위주의 역할을 해오던 HRD 부서에서는 조직문화 차원의 인터벤션을 통해 업무를 확장할 수 있는 좋은 기회이기도 했다.

전 사원을 대상으로 한 동기부여 프로젝트는 3년 동안 진행하기로 하고, 임직원의 공통역량인 '주인의식', '열린 의사소통', '창의적 사고'를 키워드로 단계별로 구성하였다. 그 첫 번째 '주인의식'은 용어 자체가 10여 년 전에도 시대에 뒤떨어지고 진부한 느낌이 있었기에 그 안에 있는 특성은 유지하되, 구성원이 더 받아들이기 쉬운 용어로 재정의할 필요가 있었다. "내가 회사의 주인이 아닌데 어떻게 주인의식을 갖냐?"라는 말이 그 시절에도 있었으니 당연한 변화였다.

'주인의식'의 개념을 재구성하면서, 사내에서 진행한 설문 내용과 FGI를 한 내용을 정리하면서 우리 회사 구성원들의 주인의식 수준 중 몇 가지 착안점을 발견할 수 있었다. 예를 들어 자신에 대한 긍지, 자부심의 요소는 포춘지 선정 100대 기업의 평균과 비슷한 수치였지만, 업무에 대한 몰입과 즐거움에 있어서는 각각 12.7%, -24.8%로 현저히 떨어지는 수준임을 알 수 있었다. 다른 부분보다 먼저 우리에게는 일에 대한 즐거움을 회복하고, 업에 대한 열정과 몰입을 이끌 수 있는 무언가가 필요하다고 판단하였다.

주인의식이 있는 구성원은	주인의식을 가진 구성원이 있는 회사는
나의 일에 대해 흥미를 느껴 몰입하고	구성원들이 일에 몰입하게 되고
몰입은 개인성과로 나타나며	몰입은 조직의 창의적 성과를 견인하며
개인성과를 통해 존재를 인정받고	창의적 성과는 고객 가치를 창출하여
존재의 인정으로 보람을 느끼며	가치창출로 회사의 존재를 사회에 인정받고
보람으로 내가 행복해지고	존재의 인정은 또 다른 가치 창출로 이어져
나의 행복은 가족의 행복으로 이어짐	지속성장을 하게 됨

주인의식이 있는 구성원과 회사의 특징

그렇게 첫 번째 전 사원 동기부여 프로젝트는 다시 한번 우리의 열정을 불러일으키자는 차원에서 'Passion-Up'이라는 이름으로 정하고, 임원부터 영업 및 생산 현장 일선에서 근무하는 모든 직원을 대상으로 그 발을 디디게 되었다.

회사에 모든 임직원이 Passion-Up 교육과정에 참여해 우리 회사의 오랜 역사를 되새기고 여러 번의 어려운 시기를 이겨내면서 지금까지 회사를 지탱해 왔던 장본인들이 지금의 우리라는 것을 다시 한번 인식하는 시간이 되었다. 그리고 앞으로의 더 나은 일터의 모습도 우리가 만들어 가자는 메시지를 구성원의 목소리와 여러 가지 액티비티 프로그램을 통해 전달하였다. 한때는 울고, 웃고, 같이 땀 흘리고, 소통하며 오랫동안 기억에 남을 추억으로 저장하였다.

그 시절의 조직개발 과정은 교육 프로그램 외에도 좀 더 캐주얼하게 구성원들을 대상으로 메시지를 전달하기 위해 사내 카툰 등을 제작하여 재미있고, 신선하게 회사에서 이슈가 될 만한 주제들로 공감대를 형성했었고, 자연스럽게 구성원의 행동 변화를 위한 인지적 도구로 사용되었다. 많은 활동 중에서도 단연 기억에 남는 프로그램이 사내 경연 프로그램이었는데, 그 당시 유명했던 〈슈퍼스타K〉와 〈코리아 갓 탤런트〉를 모티브로 자체 개발하고 운영했던 프로그램이었다.

하반기 내내 전국에 있는 모든 사업장을 대상으로 순회공연과 사내 임직원들의 숨겨진 재능과 끼를 발굴해 내는 것을 주된 목적으로 지역 예선과 2차 예선을 거쳐 최종 파이널 라운드에 진출하여 우승자를 뽑는 프로세스였다. 평소에 알 수 없었던 끼를 방출하는 직원들의 모습을 보면서 매주 훈훈하면서도 즐거운 경험들이 전 사원들에게 직, 간접적으로 전해졌던 것 같다.

원래 전공이 성악이었는데 그 실력을 꼭꼭 숨기고 있던 직원, SM 연습생 출신으로 놀라운 댄스 실력을 보였던 직원, 경연에 참여하기 위해 수개월 동안 식단 조절과 운동을 통해 몸을 만들어서 자기 근육을 뽐낸 직원도 기억에 남는다.

파이널 무대에는 최종 경연을 위해 준비한 임직원들의 빛나는 재능들 외에도 한 해 동안 자신의 직무에서 훌륭한 퍼포먼스를 낸 직원을 대상으로 사내 어워드 행사도 같이 진행하였다. 또한 유명가수들도 초청하고, 해당 공연을 라이브로 볼 수 있도록 사내 망으로 생중계를 하는 등 연말 축제 분위기 속에 모든 일정이 이뤄졌었다.

3년 동안 진행되었던 각종 교육 프로그램과 행사들은 10년이 지난 지금도 여전히 그때를 경험한 직원들에게는 회사에서 전해 주고자 했던 주요 메시지와 이미지가 남아 있을 것이라 믿고 있다.

지금 이렇게 과거의 일을 기억 저편에서 꺼내어 가지고 온 이유는 바로 회사의 조직문화가 결정되는 요소들이 누구도 아닌 구성원에게서 나오기 때문이다. 구성원이 평소 생활하고, 경험하고, 일하는 일터에서, 그 삶의 공간에서 조직문화는 형성되기 때문에 구성원들이 직접 경험한 즐거운 일터의 모습, 그들의 원하는 직장을 만드는 일은 조직문화를 더욱 긍정적이고, 완성도 있게 만드는 것이다.

매년 채용정보를 제공하는 주요 업체에서 취준생이 가고 싶어 하는 회사의 순위를 뽑아서 발표하곤 하는데, 발표에 따라 조금씩의 차이는 있지만 상위권에 랭크되는 회사들은 대부분 삼성전자, 네이

버, 카카오, SK하이닉스, 아모레퍼시픽 등이다. 기본적으로 취준생이 꼽는 이유는 만족스러운 급여와 보상이 1순위이고, 동종업계 선도기업 이미지와 회사의 성장 가능성, 본인의 성장과 개발을 할 수 있는 곳인지를 보고 해당 업체를 선정했다는 것을 알 수 있었다.

10년 전에는 금융권과 공기업들이 상위권에 보였던 것과는 차이가 확실히 나타난다. 취준생이 기업을 바라보는 가치의 차이가 그사이 많이 바뀐 것도 있고, 그사이 새롭게 성장한 회사도 있으니, 이런 변화는 당연하다.

최근 실제 직장인이 평가한 일하기 좋은 회사는 관점이 조금 다르다. 잡플래닛에서 2022년 상반기 일하기 좋은 기업의 발표를 보면, 1위~20위까지 취준생이 얘기한 회사와 거의 겹치는 부분이 없다. 1위가 한국중부발전, 2위가 베인앤컴퍼니코리아, 3위가 구글코리아 순이다. 겉에서 보는 것과 안에서 보는 기업의 모습은 다소 차이가 있다고 해석할 수 있다. 하지만 이는 어디까지나 주관적인 견해이고, 조사하는 업체나 방법에 따라서 다를 수 있으니, 참고만 하자.

중요한 것은 어떤 관점에서 취준생과 직장인이 기업을 평가하는 요소가 다른 것인가 인데, 상대적으로 회사를 직접 경험한 직장인들의 경우는 급여와 복지 외에도 워라밸, 사내 문화, 성장 가능성 등의 평가를 모두 반영한 결과이다 보니, 취준생의 조사와는 다른 부분이 있는 것 같다. 급여와 복지 수준은 회사를 들어오기 전에도 어느 정도의 정보를 갖고 들어오기 때문에 모든 회사에서도 먼저 고려되고 평가 되는 요소일 것이다.

결국 직원들이 직접 경험한 차이는 사내 문화에서 온다. 워라밸도 개인의 성장을 지원하는 요소도 모두 회사 차원의 조직문화와 연관성이 있는 분야이니 급여 외에 고려되는 요소들은 조직문화의 수준에 따라 일하기 좋은 회사인지 아닌지에 변수를 가져다주는 것이다.

여러 가지 분야에서 좋은 점수를 받은 기업들은 대부분 주변에 우리 회사를 추천하겠냐는 질문에도 약 92%가 그렇다고 답변했다고 하니, 조직문화에 관심을 두고 노력하는 회사가 될수록 실제 다니는 직원의 만족도가 높아진다. 자연스럽게 회사에 대한 로열티가 올라감과 동시에 회사에 대한 긍정적인 평가로 이어지고, 해당 회사로 취업이나 이직을 생각하는 역량 있는 인재들에게도 긍정적으로 작용할 것은 당연하다.

구성원 몰입의 요소 중 가장 중요한 것

앞서 얘기했던 사내 임직원들의 주인의식 고취를 위한 조직개발 프로그램은 결국 구성원의 '업무몰입'에 긍정적인 변화를 주어, 그 몰입이란 변화 요소가 조직의 성과향상과 개인의 성장 등을 지속해서 만들어갈 수 있도록 하기 위함이었다.

우리는 직원들의 업무 몰입도가 높아야 생산성이 높아지며 더 창의적인 아이디어가 나오고, 직무 만족도도 높아진다는 사실을 알고 있다. 실제로 미국 갤럽(Gallup)의 2002년 조사 자료에 의하면 몰입도가 높은 조직의 생산성은 약 22% 향상되고, 직원들의 업무 만족도가 높아지니 직원 이직률도 약 65%가 낮아진다고 했다.

반대로 당연히 조직이나 자기 일에 몰입하지 못하는 구성원이 많아지면 조직의 여러 가지 측면에서 부정적인 영향을 끼칠 수밖에 없다. 미국 기업의 경우, 몰입되지 않은 구성원들로 인해 한해 약 3,500억 달러의 손해를 보고 있다고 발표하기도 하였다.

이러한 근거자료를 바탕으로 수많은 기업이 직원들의 몰입을 위해 여러 가지 제도들을 마련한다. 최근 주5일제를 넘어 주4일제를 시도하는 기업들도 구성원이 몰입하여 일할 수 있는 여건을 마련하고, 그 외의 시간은 쉼의 영역으로 확실하게 보장하고자 한다. 워케이션이라는 업무 방식을 도입한 기업도 구성원이 기존 사무실 환경에서 벗어나 다른 방해가 없는 상태에서 좀 더 창의적인 사고의 발현과 업무몰입의 직원 경험을 끌어내고자 한다.

구성원의 몰입은 비단 조직에만 도움이 되는 것이 아니고, 개별 직원에게도 많은 긍정적인 결과물로 나타난다. 실제 구성원은 자신의 과업과 조직의 목표 달성을 위해 업무에 몰입할수록 짧은 시간 안에 개인의 역량을 최대한 발휘하며, 자신이 가진 잠재력과 일로서 터득할 수 있는 업무역량을 자연스럽게 개발할 수 있다. 또한 조직과 팀의 성과와 마찬가지로 일에 몰입할수록 개인의 성과 또한 높은 수준으로 달성하여 더 많은 보상을 지속해서 받을 수 있게 된다. 바로 앞에서 예로 들었던 주4일제나 워케이션 같은 프로그램도 구성원이 스스로 몰입할 수 있도록 환경을 조성해 주는 것인데, 직원들이 몰입하지 않을 때보다 몰입이 가능한 환경이 될 경우 효율적인 업무 활동을 통해 개인 시간을 더 많이 확보하여 일과 삶의 균형을 맞출 수 있는 기회가 많이 보장된다.

그렇다면 그 구성원들에게 몰입의 요소를 높이기 위해서는 어떻게 해야 할까? 글로벌 HR 컨설팅 업체 중 하나인 에이온 휴잇(Aon Hewitt)은 몰입을 '조직 성과 향상을 위해 자발적이고 적극적인 노력을 기울일 정도의 유대 관계를 형성하고 있는 것'이라고 정의내린 적이 있다. 여기서 주목할 단어는 '조직의 성과향상'과 '유대 관계'이다.

2020년부터 지속되고 있는 코로나 팬데믹 상황에서 기업의 많은 고민 중 하나는 비대면 혹은 하이브리드 업무 환경 속에서도 구성원이 기존(가능하다면 더욱더 나은)과 같은 업무 성과를 낼 수 있을 것인가 였다. 실제 익숙하게 지내던 일상적인 부분에서 많은 단절이 발생하였는데, 물론 전염력이 높고, 치료 약이 아직 발견되지 않은 상황에서 코로나 바이러스에 대한 두려움이 먼저 있었다.

초기에 우리나라의 모습을 떠올려 보면 해외 감염을 통해 입국한 확진자들의 동선이 거의 실시간으로 공개되었던 것을 기억할 것이다. 바이러스에 대해 알려진 정보들이 부족한 상태에서 자신이 살거나 평소 활동하는 지역과 건물 등에서 동선이 겹치면 그 일대 전체가 바이러스 위험에 노출이 된 것으로 인식되어 건물은 일시적으로 폐쇄되고, 수많은 사람이 코로나 바이러스에 대한 검사와 사회적 활동을 멈출 수밖에 없었다. 그리고 국민의 대부분이 격리 생활이라는 것을 경험하게 되었고, 확진자를 비롯한 주위 사람들에 대한 불신과 불안도 있었다. 사회적 존재로서 인간이 사회적 활동을 통한 인간과의 교류에서 많은 어려움이 발생하게 되었다.

　'사회적 거리두기'라는 용어가 지금은 낯설지 않지만, 우리의 사회적 거리두기에는 '코로나 블루'라는 신조어도 생겨났고, 모든 기업에서 구성원의 몰입 저하, 무기력, 고용에 대한 불안 등을 해소하기 위한 노력이 같이 병행되었다. 사실 지금도 기업들은 그 해답을 찾기 위해 조직문화적인 요소에서 새로운 시도를 계속하고 있다고 해도 과언이 아니다.

　《나는 소속되고 싶다(박은영 옮김, 사유와공감, 2022)》라는 책에서 아동·청소년 정신과 전문의인 호란 량(Holan Liang)은 본인의 오랜 임상 경험을 통해 "문제는 소속감이다"라고 얘기한다. 우리 사회가 코로나 이전의 삶으로 돌아갈 수 있을지 어떨지는 모르겠지만, 분명 수년간 겪어온 어려운 환경 속에서 많은 부분 저하되었던 구성원 간의 유대감, 소속감은 조직 측면에서도 관심을 가져야 할 부분이 되었다.

　코로나 팬데믹 상황에서 글로벌 기업뿐만 아니라, 기업 대부분에서 구성원의 업무처리 방식을 재택근무와 비대면 원격근무 등으로 전환했고, 오랜 기간 비대면 근무환경 속에서 여러 시행착오를 겪으며 기업활동을 이어 왔다. 화상회의 시간에 하의와 상의를 다르게 입는 등의 모습은 애교로 봐 줄만 하지만, 재택근무가 길어지고, 비대면 환경이 많아질수록 꽤 많은 기업에서 구성원이 처음에는 그렇지 않던 업무 효율성과 성과가 조금씩 떨어지기도 했다. 해당 직원들의 소속감 저하로 인해 불안, 우울 등이 원인으로 나타난 것이었는데, 미국 캘리포니아 대학에서 2022년 2월에 발표한 한 설문 결과에 따르면 Z세대 69%가 최소 근무 시간의 절반 이상을 원격근무로 일하고 싶다고 답을 했으나, 실제 그중에 절반은 소속감의 저하로 우울증 증세가 나타나고 있다고 하였다.

쉽게 얘기하면 내가 이 회사에 다니는 것인지, 나는 회사원인지, 아니면 그냥 프리랜서인지, 그런 부분부터 자신이 하는 업무에 대한 회의를 느낀다는 것이다. 이를 해소하기 위해 다시 재택근무를 완전히 없애는 곳이 생겨나기도 하고, 하이브리드 워크 환경을 도입하여 최대한 구성원들이 소속감을 느끼고, 협업을 할 수 있는 환경을 제공하고자 많은 기업이 노력하고 있다.

코로나 상황에서 우리가 많이 들었던 단어 중에 '대퇴사의 시대(The Great Regression)'가 있다. 미국에 약 1억 6,000만 명의 노동인구 중, 매달 약 400만 명의 사람들이 퇴직을 하는 현상을 두고, 지난 2021년 처음 나온 용어다. MZ세대뿐만 아니라 기성세대들도 이 퇴사의 행렬에 참여하고 있다는 것이 문제인데, '내가 다니는 직장에서 충분한 만족감이 없어서'가 주된 이유이다. 한국은 미국과 똑같지는 않지만, '조용한 퇴사'와 유사한 모습은 많이 보인다. 실제 퇴사가 아닌 심리적 퇴사를 뜻하는 이 용어는 초과근무를 절대 하지 않고, 몸은 회사에 있지만 충분한 열정을 갖고 본인의 업무에 임하지 않는 경우가 이에 속한다. 한때 많이 사용되었던 '열정페이', '워라밸' 등 사회적 가치관의 변화도 한 몫하였지만, 이 또한 최근 코로나로 인해 더 많이 생겨나는 사회적 현상이다. 모두가 회사에서 일하는 것이 즐겁지 않거나 나에게 크게 가치 있는 일로 다가오지 않기 때문일 것이다.

딜로이트 컨설팅에서도 2021년 소속감과 관련된 몇 가지 재미 있는 연구자료를 발표한 적이 있었다. 소속감을 만드는 요소와 소속 감에 영향을 주는 요인에 관한 내용이 대표적이었는데, 구성원들에 게 소속감을 만드는 요소 중에 가장 큰 요인이 '기여성(Contribution)' 이었으며, 그다음으로 '연결성(Connection)', '안정감(Comfort)'이 거 론되었다. 소속감에 영향을 주는 요인으로 '조직문화'를 가장 많이 답했고, '리더십', '조직 분위기'로 답변이 이어졌다.

구성원에게는 소속감의 요소가 중요한데 소속감을 느끼게 하는 많은 요소 중에 본인이 회사에 어떠한 영향력을 끼치는 것인지, 본 인의 의견이 회사의 정책과 전략 방향에 얼마나 공헌하는지가 중요 하다는 것을 알 수 있다. 구성원의 소속감은 조직과 본인의 업무몰 입으로 이어지고, 이는 리더십과 더불어 조직문화의 영향을 가장 많 이 받는 것을 알 수 있다. 지금까지 얘기하고 있는 몰입의 다양한 요 소 중 지금 시대에 가장 중요한 것을 하나 꼽으라고 하면 '소속감'이 라고 말하고 싶다.

▌ 인간은
▌ 행복을 추구한다

"당신은 무엇을 위해 사는가?"라는 질문을 받는다면, 많은 사람 이 행복하기 위해서라는 답변을 한다. 직장을 구하든, 돈을 많이 벌 든, 결혼하고 가정을 꾸리든, 그런 행위들의 끝은 결국 행복하기 위 해서다. 다만, 하버드대 탈 벤 샤하르 교수의 《행복이란 무엇인가(김 정자 옮김, 느낌이있는책, 2014)》에도 나와 있듯이 행복이란 개개인의 주관적인 견해와 감정이기 때문에 그 정도와 정답은 없다. 그리고 누군가의 행복이 나의 행복과 같을 수가 없고, 그와 같은 삶을 산다고 해서 내가 행복할 리가 없다.

그런데 우리는 대부분의 삶을 행복하기 위해 살지만, 행복을 누리기보다는 행복하기 위해 상당 부분 포기하는 삶을 산다. 지금의 고생을 나중의 행복을 위한 노력으로 생각하고, 현재의 삶에서 행복을 포기한 경우가 많다.

직장에서의 생활도 마찬가지이다. 지금의 직장생활은 즐거운가? 혹은 행복한가?

직장인 커뮤니티 중 하나인 블라인드에서 2020년에 한국의 직장인 약 7만여 명을 대상으로 조사한 직장인 행복도에 대한 점수는 100점 만점에 47점이 나왔고, 그중 약 50.4%는 이직을 시도했으며, 70.7%는 번아웃을 경험했다고 답변하였다. 이렇게 현재를 살아가는 직장인은 상당수가 행복하지 않다. 오히려 행복하다고 얘기하고 다니는 주변 사람들이 있다면 연구 대상일지도 모르겠다.

설문 내용 중 직장 내 행복에 영향을 미치는 요인(조직 몰입감)에 대한 상관관계에서는 각 개인이 본인의 '업무에 대한 의미'에서 가장 큰 행복의 척도를 갖는 것으로 나타났다. 업에 대한 의미는 우리가 익히 알고 있는 복지와 심리적 안정, 구성원 간의 관계적인 부분보다도 우위를 차지했다는 것은 어느 정도의 시사점이 있다고 하겠다.

이 글의 초반에 언급했던 구성원이 일하고 싶어하는 회사, 구성원이 행복한 회사는 구성원에게 다양한 분야의 조직에서 몰입할 수 있도록 도와야 하는데, 그중 회사에서 기본적으로 제공할 수 있는 제도와 시스템적인 요소 외에도 가장 관심을 가져야 하지만, 실제로 많이 놓치고 있는 부분은 바로 구성원이 본인의 일로서 의미를 갖게끔 하는 것이다.

미국의 심리학자인 칙센트미하이 교수는 《몰입의 즐거움(이희재 옮김, 해냄출판사, 2021)》이라는 그의 책에서 어떤 사람에게 몰입이 일어나기 위해서는 분명한 목표가 먼저 제시되어야 하고, 자신이 수행한 업무 결과를 즉시 알 수 있어야 하며, 자기 능력과 도전이 균형을 이뤄야 가능하다고 하였다. 쉽게 얘기해서 구성원의 업무 몰입도가 높은 상태란 개인과 조직이 지향하는 모습이 같은 상태이며, 본인의 실력과 과제의 난이도가 적정 수준으로 높게 형성되어 있을 때이다.

결국 몰입을 위해서는 먼저 자신의 업무에 대해 명확히 인식해야 한다. 이것을 앞에서 '주인의식'이라고 표현했었다. 자기 업에 대한 주인의식은 결국 몰입으로 이어지는 가장 첫걸음이라고 할 수 있다. 그리고 기업은 구성원의 몰입을 위해 조직문화 차원에서 지속적인 지원을 해주어야 한다. 이 모든 것이 적절하게 조화가 이뤄졌을 때 인간은 최상의 몰입을 경험하게 되고, 그 몰입의 시간 속에서 진정한 행복을 경험할 수 있다. 우리가 일과 직장에서 행복하지 않은 이유가 바로 몰입의 상황을 경험하지 못했거나, 지금 그 몰입의 차원에 있지 못하기 때문일 것이다.

다음은 미국 갤럽 사에서 조직몰입을 체크하기 위해 만든 체크리스트이다. 1~2번 문항은 기본적으로 필요한 내용, 3~6번의 내용은 조직 차원의 지원에 대한 문항, 7~10번의 내용은 팀워크와 관련된 문항, 11~12번은 성장에 관한 질문으로 각각 구성되어 있다.

업무몰입을 위한 체크리스트

번호	내용	YES	NO
1	회사가 나에게 기대하는 바를 알고 있는가?		
2	일을 제대로 하기 위한 장비와 자료를 가지고 있는가?		
3	항상 나에게 가장 적합한 일이 주어지는가?		
4	지난 7일 동안, 업무 성과에 대해 인정이나 칭찬을 받았는가?		
5	상사나 직장 내 누군가가 나를 인격적으로 배려해 주는가?		
6	직장에서 나의 성장을 격려해 주고 지지해 주는 사람이 있는가?		
7	직장에서 내 의견이 비중 있게 반영되는가?		
8	조직의 비전이나 목표가 내 업무의 가치를 높여 주는가?		
9	동료들도 훌륭한 성과를 내기 위해 업무에 전념하고 있는가?		
10	직장에서 나는 좋은 친구가 있는가?		
11	지난 6개월 동안, 직장 내 누군가와 나의 발전에 대해 대화를 나누었는가?		
12	지난 1년간, 나는 직장에서 학습하고 성장할 기회가 있었는가?		

체크리스트에 Yes가 9개 이상이면?

몰입형 지시나 명령이 없어도 완벽히 몰입하여 스스로 업무를 수행할 수 있는 상태, 적극적인 권한 위임을 통해 창의적 업무 수행이 가능토록 지원

체크리스트에 Yes가 5~8개면?

비 몰입형 명확한 업무 지시를 통해 본인의 업무 방향성과 목표 달성의 결과가 조직의 비전과 얼라인먼트가 될 수 있음을 지속적으로 알려 줄 필요 있음

체크리스트에 Yes가 4개 이하면?

이탈형 역량도 낮고 의욕도 낮은 경우일 수 있음. 역량이 낮은 경우는 역량 개발의 기회를 제공함과 동시에 역량에 맞는 과업을 수행할 수 있도록 하고, 의욕이 낮은 경우는 심리적 안전감과 더불어 본인의 비전과 목표를 구체화할 수 있는 지원 필요

구성원의 몰입에 관한 관심은 최근 들어서 다시 떠오르고 있다. 최근 우리가 처해 있는 경영 환경 속에서 조직몰입에 방해 요소들이 지속적으로 나타나기 때문이기도 하고, 반면 몰입이 가져다주는 개인의 성장과 조직 차원의 결과물은 명백하기 때문이다.

조직문화의 모든 활동은 결국 구성원의 조직몰입과 업무몰입으로 귀결된다. 조직문화가 성공적으로 작동하고 정착했다는 것은 구성원이 자신의 업무와 조직의 비전에 대해 명확히 인식하고, 조직 차원의 긍정적 지원과 구성원 간 협업 등을 통해 지속적으로 개인과 해당 조직이 성장하고 있다고 해석할 수 있다.

조직문화는
그럴듯한 복지가 아니다

조직문화를 구성하는 핵심 '진정성'

매년 많은 언론이나 HR 커뮤니티 등을 통해 조직문화 혁신 혹은 새로운 조직문화 사례에 관한 내용들이 소개된다. 특히 새해 각 회사의 회장이나 대표이사들의 신년사를 들여다보면, 여러 가지 키워드를 알 수 있는데, 2023년은 '위기 극복', '변화' 등이 눈에 띈다. 다만 확실한 것은 그런 전략적 키워드에 반드시 함께 가는 단어들이 있다. 바로 '조직문화'이다. 예를 들어 구성원이 자발적으로 참여하는 문화, 변화와 혁신을 두려워하지 않는 문화, 유연한 조직문화 등이 자주 접하는 내용 중 하나이다.

실제로 현대자동차 그룹의 정의선 회장은 2023년 신년 메시지에 "물이 고이면 썩는 것처럼 변화를 멈춘 문화는 쉽게 오염되고 깨어지기 마련"이라며, "미래를 향해 한 단계 도약하기 위해, 결과에 대한 두려움 없이 새롭게 시도할 수 있는 문화를 만들어 나가겠다"고 하였다. 기업의 지속 가능한 성장을 위해 계속해서 변화하는 능동적인 기업문화를 조성해야 한다고 하며 지금은 제조회사이지만, "과감하고 도전적인 우리 기업문화에 전자회사의 치밀하고 꼼꼼한 문화를 만들어야 한다"라고도 하였다. 그리고 일하는 문화, 일하는 습관의 변화를 강조하였다. 또한 "다양성을 존중하며, 능동적이고 변화무쌍한 조직문화가 자리 잡을 수 있도록 지속적인 인사를 하고 제도적인 개선을 이어 나가 과거의 단점들을 과감히 없애 나갈 것"이라고 하며, MZ세대뿐만 아니라 여러 세대와의 소통과 개개인이 추구하는 가치 실현을 위한 부분들도 언급하였다.

삼성전자도 "경영 체질과 조직문화를 새롭게 변화시키고 미래를 위해 더욱 과감하게 도전하고 투자하자"라고 하였으며, 롯데그룹도 "조직에 활력을 불어넣을 수 있는 젊은 리더십과 외부에서의 새로운 시각을 적극적으로 수용하는 마인드가 필요하다"라고 하였다. 한화그룹도 "미래지향적 경영활동을 지원할 수 있는 새로운 조직문화가 필요하다"라고 하였다. LG유플러스도 "현재 조직 체계가 빠른 변화에 유연하게 대응하기 어렵기 때문에 스타트업의 일하는 방식을 적용한 조직을 전사 50%로 확대하고, 구성원이 직접 참여해 만들고, 실행 역시 구성원이 주도하는 조직문화가 필요하다"라고 강조하였다.

이뿐이랴, 수많은 기업이 나아가야 할 방향성을 강조하면서 해당 조직의 기업문화, 조직문화의 필요성 또한 역설하고 있다. 오히려 회사의 조직문화를 강조하고 있지 않은 기업을 찾는 것이 더 이상하게 보일지도 모르겠다.

해당 기업을 이끄는 최고 경영진들이 그들의 목소리로 직접 회사의 조직문화를 언급한다는 것은 상당히 큰 의미를 준다. 특히 기업의 신년사 등에서 실무진인 본인들이 추구하는 업무의 방향성을 대표이사가 가이드라인을 제시해 준 것과 마찬가지이기에 그 방향대로 세부적인 실행 계획을 세워서 진행하기만 하면 되는 것이다.

다만, 여기서 아주 중요한 사항이 있다면 바로 이것이다.

'진정성(Authentic)'

핵심 가치가 다음과 같은 회사가 있었다.

· **존경(Respect)** 자기 자신을 대하듯 남을 대한다. 부당하거나 모욕적인 대우를 받았을 때는 참지 않는다. 무자비하거나 냉정하고 오만한 태도는 예외로 한다.

· **정직(Integrity)** 기존 고객과 잠재 고객을 개방적이고 정직하며 성실한 태도로 대한다. 한다고 약속한 일은 반드시 해낸다. 할 수 없다거나 하지 않겠다고 한 일은 하지 않는다.

· **대화(Communication)** 대화할 의무가 있다. 우리는 시간을 내서 서로 대화하고 상대의 말에 귀를 기울여 듣는다. 정보는 전달해야 하고 정보가 사람을 움직인다고 믿는다.

· **탁월함(Excellence)** 우리가 맡은 분야에서 최고가 되지 않으면 만족하지 않는다. 우리는 스스로 기준을 높여야 한다. 우리가 얼마나 뛰어난 사람인지 알아내는 일이 이곳에서 찾을 수 있는 가장 큰 즐거움이다.

2000년 〈포춘(Fortune)〉지 선정 세계 500대 기업 중 7위에 선정되기도 하였고, 향후 10년간 성장 가능성이 가장 큰 10개 기업의 주식 중 하나로 소개되었던, 세계 최대 에너지 회사 엔론(Enron)의 핵심 가치(Our Values)이다. 역사상 유례를 찾아보기 힘들 정도의 분식 회계와 기업 윤리 의식 부재가 가져온 '엔론 사태'는 30여 명의 회사 관계자가 기소되고, 재판 과정에서 엔론의 회장은 심장마비로 사망하였으며 부회장은 본인의 자동차 안에서 권총으로 자살하는 등 매우 비극적인 결과로 충격적인 사건이었다.

기업의 핵심 가치는 조직문화와 아주 밀접한 관계가 있지만, 여기에 경영진의 '진정성'이 빠진다면, 예전에는 액자 안에만 있는 핵심 가치였고, 지금은 회사 홈페이지에나 남아 있는 핵심 가치가 되어 조직문화로 작동하지 않는 전혀 아무 의미 없는 말들이 되는 것이다.

회사의 총수나 대표이사가 신년사나 언론을 통해 전달하는 '조직문화'에 대한 언급도 마찬가지이다. 리더의 말과 행동이 다른 경우를 보게 된다면, 특히 최고 경영진의 말과 행동에서 괴리감이 발생한다면, 구성원은 그들의 진정성 여부를 본능적으로 느끼게 되고, 그 이후에는 감언이설 정도로 밖에 치부하지 않게 되는 것이다.

지인이 다니고 있는 오래된 중견기업이 하나 있다. 지금도 그렇지만 IMF 전만 해도 대한민국에서도 유명한 그룹사로서의 회사였다. 그 이후에 여러 경영 환경의 여파로 회사가 조금씩 쪼개지거나 계열사가 매각되면서 규모는 줄었지만, 여전히 탄탄한 회사 몇 개를 가진 그룹사의 면모를 유지하고 있는 회사이다. 외부에서 보여지는 이미지는 ESG경영에 대한 여러 노하우를 통해 친환경 사업 등을 지속적으로 추진하고, 재무적인 관점에서도 매출과 손익이 안정적인 회사이다. 그러하다 보니, 자연스레 신입사원 기준 초봉도 동종업계뿐만 아니라 국내 기업 중에서도 상당히 높은 편에 속한다. 실제로 채용에서도 꽤 인기가 있는 회사이다.

다만 사내 조직문화에 대한 실제 구성원의 정보가 예전에 비해 HR 플랫폼 등에서 노출이 되는 요즘 세상에서는 문제점이 조금씩 발생하고 있다.

일반적으로 국내에서 50년 이상 경영활동을 이어오고 있는 전통적인 기업처럼 오래된 회사이다 보니, 해당 회사도 구직자가 '어느 정도 보수적인 면이 있을 거야'라고 생각하고 대부분 입사를 지원하게 된다. 채용의 가장 첫 번째 고려 사항은 연봉이기 때문에, 그 가치를 최우선으로 하는 건 당연한 일이다. 당연히 그런 부분에서는 매력적인 회사이다.

이 회사가 추구하는 가장 큰 방향성은 ESG이다. 그리고 혁신, 변화, 다양성, 소통 등이 핵심 가치에 표현되고 있다.

다만 실제로 내부 직원의 평가를 들어보면 ESG경영 평가에 필요한 지표들을 맞추는데, 신경을 쓰고 있지만 실제 구성원이 ESG에 관심이 있는지는 다른 문제이다. 직원에게 ESG는 손에 잡히지도 않고 그들이 일하는 방식에 적용되는 것은 거의 없다고 한다. 특히 회사의 주요 정책에는 탄소 저감이 있지만, 아이러니하게도 실내에서 회의 중 몇몇 리더들이 담배를 피우는 경우가 종종 있다고 한다.

실내 흡연 자체도 문제가 되겠지만, 타인을 배려하지 않고 본인들만 편하면 된다는 식의 모습을 리더가 보이는 것 자체가 문제가 되고 있다.

제조업이다 보니 공장에서의 안전사고도 가끔 일어난다. 모든 기업 특히 건설 현장이나 위험한 원료들을 다루는 회사의 경우 최대한 안전사고가 일어나지 않게 열심히 노력은 하고 있겠지만, 어쩔 수 없이 발생하는 사고도 존재한다. 문제는 그 이후다. 구성원의 안위보다 외부 언론에 나가지 않도록 자체적으로 무마하려는 시도 등이 여전히 존재한다는 것이다.

회사에서 얘기하는 핵심 가치인 혁신과 변화의 요소는 경영진을 제외한 실무진에게만 해당하는 내용이며, 가장 변화가 필요한 곳에서는 항상 안정만을 추구하고 새로운 시도조차 하지 않으려는 모습에 실망하게 된다고 한다.

그러다 보니 사내 커뮤니케이션이 단절되고, 직원들의 목소리가 반영되지 않는 경우가 많을 수밖에 없다. 특히 임원급 리더들은 구성원의 니즈 따위는 신경 쓰지 않고, 본인의 안위나 사내 영업에 더 많은 신경을 쓰는 모습을 보이곤 한다고 하니, 조직 내 리더와 직원 간의 신뢰 관계가 존재하고 있는지 미지수이다. 다만 공장 현장 노조위원장의 말은 적극적으로 반영하는 편이라고 하는데, 그나마 다행이라고 해야 할지 어떤지 모르겠다.

물론 모든 리더가 그런 것은 아니다. 리더의 성향에 따라 부서 간의 조직문화도 상당히 다르다는 것이 이 회사의 특징이었다.

한 지인의 기업 사례를 들어 얘기했지만, 꽤 많은 전통적 기업에서는 더 심한 일도 있을 것이고, 변화를 통해 더 나은 기업으로 성장해 가는 회사도 있을 것이다.

회사의 핵심 가치든 조직문화의 방향성이든 그걸 실현하려는 의지와 진정성이 그 회사의 리더에게 있는지가 정말 중요한 요소라고 할 수 있다. 앞에서 얘기했듯이 경영진을 통해 '진정성'이 보여지지 않는다면, 그들을 따르는 직원은 더 이상 존재하지 않을 것이기 때문이다.

조직문화에서 '진정성'은 조직문화가 일관성 있고, 지속적이며 올바른 방향으로 갈 수 있도록 하는 가장 근간이 되는 개념이다. 실제로 개인의 일과 삶의 방식에서도 '진정성'은 똑같은 효과를 발휘한다. '진정성'이 빠진 조직문화는 일회성이 되고, 형식적이며, 보여주기식의 활동 그 이상 그 이하도 아니게 되는 것이다.

우리에게 맞는 조직문화

그런데도 이 회사는 여전히 해당 사업 분야에서 안정적이다. 그러다 보니 경영진에서 특별히 변화의 필요성을 느끼지 못하는 것 같다.

'회사의 매출이 안정적이고, 우리의 사업 아이템은 여전히 수익이 높은데, 변화가 필요할까?', '변화하려다가 이 안정적인 사업이 오히려 망하는 것은 아닐까?', 'IMF 이전에 확장했던 사업들, 새로운 시도들을 모두 정리했더니 지금처럼 알짜배기만 남은 것이 아닌가?', '이게 잘못된 것인가?'

여기에 대한 답은 결국 고객에게서 결정될 것이다. 다만, 여기서 확실하게 확인할 수 있는 것은 각 기업이 영위하는 비즈니스와 그 형태에 맞는 독특한 조직문화가 있고, 그것이 그 기업에서 제대로 작동하고 있으므로 비즈니스적 성과가 나타난다는 것이다. 주변에도 딱히 조직문화가 긍정적이지 않음에도 불구하고, 매년 성장하고 구성원에게 많은 성과급을 주는 회사을 종종 보게 된다.

그러니 '조직문화에는 정답이 없다'라는 말이 나오는 것이다. 다시 말하면, 어떤 회사에는 수평적 조직문화가 어울리는 것이고, 어떤 회사에는 군대 조직과 같은 수직적 조직문화가 더 잘 어울리기도 한다. 실제로 대한민국이 경제 대국으로 빠르게 성장할 수 있었던 원동력에는 상명하복식의 조직문화를 통해 빠른 실행력과 훌륭한 기업가의 결단력 있는 리더십이 존재했다.

국내에서 기업문화 컨설턴트로 활동했던 신상원 대표가 그의 저서와 강연에서 기업문화의 응집력의 정도, 교류의 정도, 체계성의 정도 등에 따라 기업의 조직문화를 8개의 유형으로 나눈 적이 있는데, 프랑스의 정신분석가이자 기업 인류학자인 마크 르바이(Marc Lebaiily)의 이론을 한국 기업의 현실에 맞춰 재구성한 것이라고 본인이 설명한 적이 있다.

그가 기업의 조직문화를 구분한 것도 각각의 조직문화는 그 조직의 고유한 특성을 담고 있는 것이지 자체로 어떤 것이 더 낫다고 할 수 없다는 것이 핵심이다.

실제로 조직문화에서 '문화'를 보는 관점에 포인트를 두고 많은 전문가가 조직문화 자체의 옳고 그름보다, 해당 기업의 전략과 조직문화가 잘 얼라인먼트 되어 있느냐, 그리고 구성원이 해당 조직문화를 공감하고 그에 따라 업무를 수행하느냐가 중요한 요소라는 것에 대부분 합의하고 있다.

조직문화를 이제 시작하거나, 조직문화에 대한 개념을 재정립해야 하는 실무자나 중간관리자라고 한다면, 우리 회사의 조직문화를 어떻게 정의하고 어떻게 만들어 나가야 할지에 대한 고민을 충분히 해야 한다. 또한 그 고민 후에 조직문화 진단 등을 통해 현재의 우리 조직문화의 상태와 가까운 미래에 우리 조직문화가 보여 줄 모습을 서로 비교하여 그 차이 속에서 솔루션을 만들어 나가야 한다.

조직문화에 정답은 없지만, 우리 조직에 맞는 조직문화는 존재하는 법이다.

조직문화에 대한 인식 차이

우리가 오랫동안 학습을 통해 잘 알고 있는 사실은 하나의 기업이 비즈니스 환경에서 지속적으로 사랑받기 위해서는 고객의 니즈를 잘 파악해야 한다는 것이다. 특히, 외부 고객뿐만 아니라 내부 고객의 목소리에도 귀를 기울여야 한다는 것이다. 그렇지 않은 기업은 언젠가 시장과 고객에게 외면당하게 되고, 고객에게 외면당하는 회사는 더 이상 구성원이 일하고 싶은 회사가 아니기에 좋은 인재가 회사로 들어올 리 만무하다.

최근 많은 기업이 'ESG경영'을 도입하는 이유도 글로벌 시장(고객)의 강력한 요구도 있거니와 기업들이 ESG라는 경영지표를 매개로 고객과 소통을 통해 기업의 가치를 높이고자 하는 것이다.

조직문화 관점에서는 리더와 구성원 간, 혹은 경영진과 구성원 간의 소통이 상당히 중요하다. 일반적으로 리더는 업무 지시와 피드백이라는 형태로 구성원과 소통하는데, 모든 기업이 리더의 '명확한 업무 지시와 피드백'이 되지 않아 그로 인한 성과 관리, 갈등 관리, 구성원의 성장, 리더십 부재 등 조직 차원의 많은 어려움을 겪게 된다. 조직문화 활동에 상당수가 사실 이 문제와 관련된 것이 많다.

실제 리더의 생각과 직원의 생각에는 많은 차이가 있다. 많은 회사에서 진행하는 리더십 다면 진단이나 조직문화 진단을 통해 나타난 차이로 많은 시사점을 얻곤 한다.

그 틈을 좁힐 수 있는 솔루션 중 하나도 조직문화 활동이라 할 수 있다. 리더도 그렇고, 직원도 그렇고 본인이 가진 역량과 정보에 대해서는 실제의 가치와 기준보다 좀 더 확대하여 해석하는 경향이 있다. 객관적인 시각에서 보도록 노력은 하겠지만, 결국 그 주관적인 시각의 차이로 인해 문제가 발생하는 것이다. 특히 조직문화 차원에서 리더의 시각과 구성원의 시각 차이를 봤을 때, 리더 입장에서 보는 조직문화적 요소가 더욱더 긍정적인 상태로 인식되고 있었다. 이는 앞선 사례에서 본 것처럼, 리더가 변화를 시도해야 할 당위성에 방해 요소로 작용할 것이다.

반면 회사의 핵심 가치, 경영철학 등이 어느 정도 작동이 되기 시작하면, 자연스럽게 그런 내용이 조직문화에 녹아서 임직원 모두가 그들의 평소 일하는 방식 안에서 조직문화가 표현된다. 생각하는 방식, 소통하는 방식에서 리더와 구성원들이 어느 정도 일치를 경험하면 리더와 구성원이 각각 생각하는 조직문화 상태의 실제 틈은 조금씩 줄어들 것이다.

어느 정도의 조직 내 가치 체계와 구성원의 가치 내재화 수준과 프로세스가 있는 대기업에 비해 스타트업의 경우는 상황이 좀 다르다. 스타트업 초기 2~3년 동안에는 어떻게든 업계에서 생존하여 그 기반을 만들어가는 것이 중요하기에 기술개발과 제품, 서비스 등의 차별화를 위해 모든 역량을 발휘한다. 그 사이에 회사를 창업한 대표를 포함한 직원에게도 상대적으로 안정적인 대기업과 조직문화에 대한 접근방식 자체가 다르다.

물론 창업하는 시점에 본인의 사업 방향, 목표, 비전 등에 설계는 분명히 해 놓았지만, 실제로 조직문화 관점에서 어떤 활동을 한다거나, 업무 방식을 다 세팅해 놓기에는 어려움이 존재한다. 그렇게 먼저 기업의 생존을 위해 열심히 달려온 다음에 스타트업의 대표는 비로소 좀 더 긴 호흡으로 회사를 이끌어 갈 지속적인 원동력을 찾게 된다. 그게 바로 '조직문화'에 대한 고민이다.

'우리는 앞으로 어떤 방식으로 일해야 할까?', '우리의 구성원은 어떤 회사가 되기를 원할까?' 등의 고민이 그제서야 시작되는 것이다. 스타트업 대표의 전공 분야가 경영학이든, IT 계열이든 그 시작점은 비슷하다. 가끔 스타트업 초기부터 '우리의 조직문화는 이렇게 하는 것이야'라고 정해 놓고 시작하는 경우도 아주 가끔 보이지만,

그 또한 스타트업의 비즈니스가 안정적으로 자리를 잡게 될 때까지 많은 시행착오를 겪어 가면서 깎이고 덧대어져 가는 것을 목격하게 된다. 물론 이 또한 결과론적인 부분에서 사업의 성공적 모멘텀이 생기게 되었을 때 고객과 시장은 해당 기업의 도전을 긍정적으로 묘사할 것이고, 그게 아니면 오롯이 실패 사례로 남겨질 것이다.

대기업이든, 스타트업이든 조직문화를 만들어가는 방법에는 그마다 접근 방식의 차이가 있다. 이 부분은 뒤에 가서 해당 사례들을 보면서 다시 한번 다루기로 하고, 이번 챕터에서는 구성원이 인식하는 조직문화에 대해 좀 더 이야기해 보자.

조직문화는
복지가 아니다

우리 회사의 조직문화를 얘기할 때, 우리의 조직문화는 '정직', '신뢰' 등과 같은 명사일까? 아니면 '도전하다', '혁신하다' 등의 동사일까? 혹은 '강한 실행력', '고객 중심적 사고' 등의 역량 중심의 표현일까? 또는 '겸손', '성실' 같은 성향 중심의 표현일까? 저마다가 추구하는 관점이 존재하고 어떤 것을 선택하든 그 표현의 방식과 의미는 그 기업의 정체성과 아주 밀접한 표현으로 반영되게 되어 있다.

어느 HR 모임에 갔을 때 있었던 일이었다. 각 사에서 하는 기업문화, 조직문화 활동들에 대해 서로 얘기하는 시간이 있었다. 몇몇 회사에서 그들이 하는 다양한 활동들을 얘기하고 있는데, 아주 훌륭했다. 다른 곳에서는 쉽게 엄두도 내지 못할 그런 제도와 정책들을 과감하게 실행하고 있기도 했거니와 대부분은 CEO와 경영진의 강력한 의지와 지지로 운영되고 있었다. 비용 이슈나 경영진의 관심 부족으로 인해 제대로 된 조직문화 프로그램이 없는 회사에서는 마냥 부러울 수밖에 없는 경우다.

그런데 해당 내용 중에는 상당히 좋은 시도이긴 한데, 그 효과성과 방향성에 있어서 다소 의문이 드는 부분도 있었다. 조직문화를 다룰 때 우리가 놓쳐서는 안되는 관점이어서 살짝 언급해 보겠다.

열심히 조직문화 활동을 전개하는 기업의 사례 중에 몇 가지는 분명 회사의 복지제도의 기능에 그치는 경우가 존재했다. 특정 회사에 관한 내용은 아니고 몇 가지 기억나는 사례들을 나열하였다.

- 사내 조식 제공(스낵바, 구내식당, 간편식)
- 근속연수 5년, 10년 안식년제도(유급휴가 2주 추가 제공)
- 피트니스 센터(개인 PT 포함)
- 휴게 공간 안마의자(전문 안마사 배치 포함)
- 전 사원 법인카드(복지 카드 제공)
- 사내 바리스타 정직원 운영(네일샵, 헤어샵 운영 사례도 있음)
- 주 4일 근무
- 연차 무제한
- 워케이션
- …

이 외에도 회사 내 수영장이나 사우나가 있거나 플레이스테이션이나 포켓볼 같은 게임룸을 운영하는 경우도 존재하겠지만, 조직문화 사례 공유를 하는 곳에서 들었던 몇 가지 내용만 기억나는 대로 작성해 보았다.

얼핏 들으면 좋은 조직문화로서의 프로그램으로 보이지만, 구성원으로서는 복지제도로 인식되는 경우도 많이 보인다. 중요한 것은 어떤 목적성을 갖고 해당 프로그램을 운영하고 있느냐이며, 그를 통해 얻는 효과성에 대해서는 면밀하게 HR 부서로서, 조직문화 부서로서 지속적으로 모니터링 하며 분석해야 한다.

여기에 꼭 들어가야 할 관점이 '목적성', '지속성'이라고 생각한다.

조직문화 프로그램을 전개할 때, 예를 들어 구성원의 창의성 발현을 위해 국내 유명 테마파크를 회사 비용으로 다녀올 수 있는 프로그램을 만들었다고 하자. 직원들이 자발적으로 원하는 팀을 구성하여 가장 참신하고 획기적으로 즐기고 올 수 있는 기획서를 제출했을 때, 그중 최고의 팀을 선정하여 평일 하루를 택해서 갈 수 있도록 휴가를 제공하고, 실제 사용하는 비용 전액을 회사 차원에서 모두 지원하는 것이다.

구성원이 좋아하지 않을 이유가 없겠지만, 조직문화팀 입장에서는 먼저 해당 프로그램이 추구했던 목적성에 맞게 운영이 되고 있는지 체크해야 한다. 관리가 아니라 제대로 작동이 되고 있는지, 구성원이 의도한 대로 창의성 발현의 효능감을 느끼고 업무에 적용할 수가 있는지에 대한 부분을 찾아야 한다.

이를 통해 구성원이 직장에서 벗어나 온전히 즐기고, 쉼을 통해 재충전하였으며, 평소 발현하지 못했던 창의적인 아이디어를 현업에서 적용하는 사례가 발생한다면, 이를 지속적으로 발전시켜 구성원의 많은 참여를 유도하고, 더 효과적인 프로그램으로 자리매김할 수 있을 것이다.

일하는 방식의 변화를 위해 시도하는 워케이션의 실제 기업의 사례를 보면, 아직 구성원에게 회사 차원의 훌륭한 복지로 인식되고 있다는 것을 알 수 있었다.

이것이 잘못된 시도라고 하는 것이 아니다. 조직문화 관점에서 무언가 새롭게 시도하는 것은 어떤 것이든 훌륭한 첫걸음이라고 말하고 싶다. 다만 그 발걸음이 두 걸음, 세 걸음이 되도록 하는 역할을 조직문화팀에서 해야 할 것이다.

이를 위해 필요한 것이 분명한 '목적성', 흔들리지 않는 '지속성'이라고 확신한다.

대한상공회의소에서 맥킨지와 같이 2018년 발표하였던 기업문화 조직건강도 진단 보고서에 나오는 키워드도 의미가 있다. 대표적으로 나온 키워드는 '비효율', 무늬만 혁신', '보여 주기', '삽질 등이 있었는데, 여기서 중요한 것은 우리가 주고 싶은 것이 아니라 구성원이 원하는 것을 명확하게 파악하여 실행하여야 한다는 것이다.

다시 한번 말하지만, 조직문화는 구성원에게 회사의 좋은 복지 제도로 인식되면 안 된다. 왜냐하면 조직문화는 기업이 존재하는 이유인 '이윤'을 목적으로 '성과'를 내기 위해 구성원이 더욱더 '효율적인' 방식으로 업무를 수행할 수 있도록 '일하는 방식'으로 접근해야 하는 것이기 때문이다.

그래서 앞에서 언급했던 최고 경영진과 회사 차원의 지속성, 진정성이 같이 동반되어야 하며 구성원의 자발적인 참여가 더해질 때, 진정으로 해당 기업이 원하는 제대로 된 조직문화가 자리 잡게 된다.

예를 들어 긴 시간 회의했는데, 강압적인 분위기 속에서 소통이 아닌 일반적인 훈계 분위기의 회의 아닌 회의가 되었거나, 반대로 온화한 분위기 속에서 서로의 일상에 관한 얘기를 나누다가 근본적인 회의 주제에 대한 충분한 논의가 없이 마무리되었다고 한다면, 회의의 근본적인 문화를 바꿀 수 있도록 노력해야 하는 것이 조직문화적인 접근이다.

HR 파트의 조직문화 담당자라면, 그리고 조직문화를 만들어가야 하는 중간관리자라고 한다면, 구성원이 좋아할 것 같아 운영하는 일회성 이벤트가 아닌 제대로 우리 조직의 일하는 방식에 대한 변화의 요소로 조직문화 프로그램을 단단하게 세팅해 나갈 필요가 있다.

우리가 해야 하는 일은 결국, 현재 우리 조직의 강점과 약점을 명확하게 알고, 수많은 조직문화 솔루션을 통해 '구성원이 조직에서 온전히 업무에 몰입하게 만드는 것'이다.

조직문화 실무 결합하기

Process
조직문화 활동을 위한 준비 운동

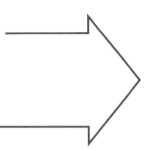

조직문화
어디서부터 해야 할까

앞에서 조직문화의 중요성에 대해서 충분히 이해했다면, 이제는 전장(?)에 뛰어드는 실전 단계다. 우리 회사만의 조직문화를 만들고 세팅하여, 하나의 규범으로 만드는 일련의 과정을 고민해야 한다. 그렇다면 어디서부터 시작해야 할까? 일단은 다른 기업이 진행하고 있는 조직문화 활동들을 적용하는 것이 좋을까? 아니면, 구성원의 불만이 점점 커지고 있으니 어떤 이슈들이 있는지 확인하는 것이 먼저일까? 혹은 퇴사율이 높아지니 퇴사자 면담을 통해 아이템을 발굴해 볼까?

조직문화 활동을 구체적으로 고민하기 시작하면 막상 어디에서

부터 어떻게 시작해야할지 막막해진다. 왜냐하면 조직 규모와 상관 없이 나름대로 잘 굴러가는(?) 조직이라고 하더라도 이슈가 없는 조직은 없고 오랫동안 해결하지 못한 절차들도 있기 때문이다. 그래서 어디부터 어디까지 건드려야 할지, 그리고 얼마만큼 어느 정도의 깊이로 하는 것이 맞는지에 대해 고민될 수밖에 없다. (이런 고민은 앞으로도 계속해서 진행될 것이다)

결론적으로 조직문화 활동의 프로세스에 대해 질문을 한다면… 명확한 정답을 얘기하기는 어렵지만, 필드에서 일반적으로 활용되고 있는 가이드라인은 존재한다. 물론 기업의 시장환경, 규모, 구성원 특성 등에 따라 할 수 있는 업무와 범위가 달라질 수는 있다. 하지만 이제 막 조직문화 활동을 기획하는 태도에서는 충분히 참고할 만한 내용이라고 생각된다. 따라서 다음의 가이드라인을 참고하되 우리 회사에서는 어떤 방향성을 갖고 적용할 수 있는지 고민해 보자.

▎조직문화 활동의 첫 번째 단계
▎현상 파악을 위한 '조직진단'

조직문화 활동을 위해 가장 먼저 해야 하는 일은 무엇일까? 보고서를 쓴다고 가정해 보자. 예를 들어 'A 기업 조직문화 활동 계획'이라는 이름으로 작성한다면 상단에는 무슨 내용이 작성되어야 할까? 대부분의 업무 보고서가 그런 것처럼 다음과 같이 배경, 목적, 그리고 상세 내용 순 등으로 작성될 것이다. 즉, 보고서에서 말하는 '배경'을 먼저 확인하는 과정이 필요하다.

A 기업 조직문화 활동 계획
 · 배 경 :
 · 목 적 :
 · 상세 내용 :

모든 일에는 원인과 결과가 있다는 말처럼, 조직문화 역시 현재의 조직문화가 형성된 원인은 분명 있기 마련이다. 조직문화를 개선하고 변화시키고자 한다면, 조직문화의 현상과 이러한 모습을 보이게 된 원인을 파악하여 우리 조직의 강점, 개선점, 이슈 사항 등을 확인하는 것이 첫 번째 미션이라고 할 수 있다. 일반적으로 이러한 과정을 '조직진단'이라고 칭한다.

조직진단의 방식은 2가지로 분류된다. 첫 번째는 구성원과 직접 '인터뷰' 등을 통해 소통하며 이슈를 파악하는 '정성 진단'과, 두 번째는 '설문조사' 방식을 활용한 '정량 진단'이다. 2가지 진단을 모두 활용하는 것이 가장 효과적이겠지만, 상대적으로 회사의 규모가 작고 업무 담당자가 소수일 때 2가지 중 하나를 택하여 진행하기도 한다. 되도록 첫 번째 조직문화 활동인 만큼 2가지 방법을 모두 활용하는 것을 추천하며, 이해도를 돕기 위해 인터뷰 방식과 설문조사 방식으로 구분하여 설명하겠다.

인터뷰는 어떤 방식과
내용으로 진행할까?

인터뷰 대상자는 주요 경영진, 리더, 일반 구성원으로 구분된다. 특히나 인터뷰는 현황 파악을 위한 목적도 크지만 동시에 우리 조직문화의 지향점을 확인하며 C 레벨과 구성원 간의 방향성을 맞춰가는 단계이기도 하다. 따라서 다소 시간이 소요되더라도 주요 이해관계자는 꼭 인터뷰를 진행하는 것을 추천한다.

일반 구성원의 경우 기업의 규모가 크면 FGI(Focus Group Interview) 방식을 적극적으로 활용하는 것도 방법이다. 다만 FGI 대상자 선정 시에는 부문, 직책, 성별 등 Diversity 차원을 고려하여 그룹을 조정해야 한다.

대상자가 선정되었다면 이후에는 인터뷰 질문지를 세팅한다. 인터뷰 질문지는 현재 조직문화의 현황, 개선점, 앞으로의 지향점 등의 기대사항을 포함한 기본 질문을 우선 설정하고, 우리 회사에 맞는 카테고리와 범위에서 질문을 추가한다. 현재 '리더십' 부문에 중점을 두고 있다면 '리더십' 질문을, 구성원의 업무몰입에 관심이 있다면 '몰입' 부문의 질문을 세팅하여 조직의 현황에 맞게 질문지를 구성하는 것이 필요하다.

인터뷰 질문지 예시

No.	질문 내용
1	우리 회사 조직문화의 강점 및 지속·발전 시켜야 할 문화는 무엇이라 생각하나요?
2	우리 회사 조직문화 중 주요 이슈와 문제점은 무엇이라고 생각하나요?
3	우리 회사가 지향해야 하는 조직문화의 방향성과 목표는 무엇이라고 생각하나요?
4	우리 회사의 리더십에 대해 얼마나 신뢰하고 있으며, 보완점이 있다면 무엇인가요?
5	우리 회사의 조직문화는 구성원의 업무몰입을 높이는 데 효과적으로 작용하고 있나요?
6	이번 프로젝트를 통해 조직문화 차원에서 회사에 기대하는 바가 있다면 무엇인가요?

(인터뷰 시간을 고려하여 질문의 숫자는 5개 내외로 조정)

인터뷰라는 단어로 간단히 이야기했지만, 사실상 짧게는 2주에서 길면 한 달까지도 소요되는 피곤한 과정이다. 게다가 인터뷰 단계가 끝나고 결과를 정리하다 보면 인터뷰어가 알고 있는 부분과 구성원의 의견이 크게 다르지 않은 경우도 많다.

하지만 인터뷰는 현황 파악을 위한 목적과 동시에, 앞으로의 조직문화 활동에 대한 필요성과 여정을 자연스럽게 전달하고 공유하는 아주 중요한 단계이기도 하다. 리더 혹은 담당자의 경우에는 불필요하다고 느낄 수 있지만 앞으로의 조직문화 활동에 필요한 든든한 '지원군(서포터)'을 만든다는 마음가짐으로 진행하자.

인터뷰를 할 수 없는 상황에서의 대처 방법

모든 업무를 FM대로 하면 좋겠지만, 회사 일은 계획대로 절대 흘러가지 않는다. 특히나 조직의 내부 상황이 인터뷰하기에는 무리가 있는 상황이라거나(조직 상황이 좋지 않아 인터뷰 자체에 부정적일 경우), 실무단계에서 도저히 인터뷰할 시간이 없거나, 빠르고 신속하게 진단을 진행해야 하는 상황 등이라면 파악할 수 있는 범위에서 자료 분석을 통해 확인하는 방법이 대안이 될 수 있다. (인터뷰 내용과 자료 분석이 큰 차이가 없는 일도 있으니, 인터뷰할 수 없다고 해서 개의치 말자). 전략 보고서, 경영진 회의록, HR 데이터(성별, 근속, 근태, 이직, 고충 사항) 등의 데이터를 통해 현재 조직의 이슈를 파악해 보는 것이다.

자료 분석 예시

조직진단을 위한 HR 데이터 분석

❶ 전체 구성원 중 56% 근속 10년 이상
❷ 최근 3년 내 입사자 중 30% 퇴사
❸ 퇴사 사유 분석
 - 기존 직원들과의 융화가 다소 어렵고 업무 프로세스 적응이 쉽지 않음 (30%)
 - 업무 프로세스가 복잡하며, 의사결정 단계에서 다소 많은 시간이 소요됨 (20%)

자료 분석에 활용될 수 있는 데이터는 무궁무진하므로, 사전에 분석할 수 있는 자료의 범위와 내용을 구분한 뒤에 시작하는 것을 추천한다. 또한 CEO 메시지에도 대외 환경, 조직 현황, 그리고 앞으로의 목표까지 일목요연하게 정리되어 있어 유용하게 활용되는 경우가 많다. 신년사 또는 정기 메시지를 통해 주요 이슈를 정리하고, 특히 우리 조직에서만 활용되고 있는 워딩이나 표현 등을 체크해 보자. 아주 사소한 포인트가 우리 조직문화를 대표하는 하나의 키워드가 될 수 있다. 즉, CEO의 워딩을 중심으로 이슈를 파악하고 동시에 우리 조직만의 특성도 함께 파악하여 정리해 보자.

▎어느 것을 중점으로 봐야 할까 ▎진단 툴 설정하기

사실상 조직진단은 '문항' 개발 단계가 전부라고 할 수 있을 정도로 설문의 문항을 얼마나 효과적으로 설정하느냐에 따라 조직진단의 결과가 좌우된다고 볼 수 있다. 문항을 본격적으로 개발하기에 앞서, 우선 이전에 진행한 인터뷰와 자료 분석을 통해 '진단(체크)'할 카테고리를 설정해야 한다. 이를 진단의 '툴(Tool)'을 세팅한다고 말하는데, 조직문화의 주요 요소를 정의하고 카테고리화 한 것을 의미한다.

실무에서 가장 널리 사용되고 있는 툴은 1991년 맥킨지에서 개발한 것으로 'OHI(Organizational Health Index)'라고 불리며 9개의 영역을 기준으로 조직의 이슈를 한눈에 파악할 수 있도록 개발되었다. 해당 모델은 2010년대 중반 대한상공회의소에서 국내 100개 기업의 임직원을 대상으로 활용된 적이 있을 정도로 신뢰도가 높은 모델이다. 방향성, 리더십, 문화와 분위기, 책임, 조정과 통제, 역량, 동기부여, 외부 지향성, 내부 지향성 총 9가지 요소를 설정하고 있으며 구체적인 영역과 내용은 하버드 비즈니스 리뷰 또는 맥킨지 공식 홈페이지를 참고하길 바란다.

일반적으로 활용되고 있는 툴을 확인했다면, 이제는 담당자의 역할이 필요한 때다. 인터뷰와 자료 분석 단계에서 취합된 내용을 통해 현재 시점에서 우리 조직에서 빠르게 확인하고 해결해야 할 요소를 선택하여 '우리 조직의 툴'을 설정한다. 예를 들어 조직 내에서 새로운 아이디어나 변화 필요성이 반복적으로 확인되었다면 혁신의 요소는 필수로 설정하고, 반대로 내부 프로세스 관련해서 크게 이슈가 없다면 과감히 제외하는 것이다.

특히 조직 내의 turn-over 비율이 조금씩 높아지거나, 갑작스럽게 퇴사자가 발생하는 상황이 반복된다면 하나의 영역으로 설정하여 '우리 조직의 툴'로 포함할 수 있다. 구체적으로는 구성원이 현재 조직에서 떠날 의사가 있는지 즉, '이직 의도'를 가졌는지에 대한 부분으로 다음과 같은 설문 문항을 활용할 수 있다. 조직의 상황을 고려하여 해당 영역이 현재 시점에서 필수로 진단이 필요한 부분인지 판단할 필요가 있다.

이직 의도 문항 예시

No.	질문 내용
1	나는 빠른 시일 내에 새로운 직장을 찾을 계획을 하고 있다
2	나는 현재보다 조금이라도 여건이 나빠진다면 이 회사를 떠날 계획이 있다
3	나는 이 회사의 구성원으로서 계속 남아 있기를 희망한다
4	나는 이 회사를 그만두고 싶다는 생각이 든다

다만, 아무리 신뢰도가 높은 툴이라고 할지라도 우리 조직에 맞지 않으면 안하는 것보다 못한 진단이 될 수 있다. 그럴듯하게 보이

는 포장지로만 만들면 실속이 없는 것처럼 말이다. 반대로, 어떤 특정 이슈에만 너무 포커스가 된 나머지 다른 부분을 확인하지 못하는 일도 있다. 예를 들어, 조직 리더십에 대해 집중하다 정작 살펴보아야 할 구성원의 조직몰입 정도를 놓칠 수도 있는 것이다. 따라서, 조직진단의 툴을 설정할 때는 무엇보다 조직의 상황을 면밀하게 파악하는 것이 중요하며, 이를 기반으로 조직에서 살펴봐야 할 영역들을 밸런스 있게 가져갈 수 있도록 구조화하는 것이 필수라고 할 수 있다.

A 기업 조직진단 툴

1	2	3	4
방향성	리더십	구성원 몰입	책임과 권한

5	6	7	8
구성원 역량	성과 보상	고객 만족	변화와 혁신

조직몰입 문항 예시

No.	질문 내용
1	나는 이 회사에서의 직장생활이 앞으로도 더욱 행복해질 것으로 생각한다
2	나는 회사 밖의 사람들과 우리 회사에 관해 이야기하는 것을 좋아한다
3	나는 우리 회사의 문제를 나의 문제처럼 여긴다
4	나는 만약 다른 회사에 가더라도 지금의 회사와 같은 애사심이 생길 것이다

최종, 최최종, 진짜 최종의 단계 '문항 개발하기'

진단 툴 세팅이 끝났다면 각각의 요소에 맞는 설문 문항을 개발할 단계이다. 해당 부분이 조직진단에서 가장 중요한 단계라고 할 수 있는데, 핵심은 '모든 구성원이 이해하고 답할 수 있는지'를 체크해야 한다는 것이다. 특히 한국어는 '아 다르고 어 다르다'라는 말처럼, 단어 하나에도 뉘앙스가 변할 수 있기 때문에 꼼꼼하게 문항을 살펴보아야 한다. 특히 우리 조직에서 쓰지 않는 워딩은 삭제하고 일반적으로 사용되고 있는 어휘인지 체크하여 소위 '우리 조직'의 언어로 표현되어 있는지를 매번 체크해야 한다.

또한 문항별로 주체를 명확하게 설정해야 한다. 우리 조직의 팀 차원에서 조금 더 자세하게 결과를 분석하고 싶다면, 문항 주체를 '우리 회사'가 아닌 '우리 팀'으로 문항을 수정할 수 있으니 결과 분석 단위를 고려하여 설정할 필요가 있다. 또한 '부정' 문항을 사용하는 경우도 있는데, 부정 문항은 설문에 응답하는 사람으로서는 순간 혼동을 줄 수도 있다. (갑자기 '~한다'라는 문항이 이어지다가 '~하지 않는다'라는 질문이 있다면 누구든지 헷갈리지 않을까?) 만약 우리 회사에 외국인 구성원이 있다면 어떤 언어로 번역이 필요한지 사전에 확인해야 한다. 특히 우리말의 뉘앙스를 충분히 살리면서 번역이 진행되어야 하기에 전문 번역 업체를 활용하는 것을 권하며, 시간 소요도 상당한 만큼 프로젝트 일정을 충분히 설정하는 것이 좋다.

문항 개발 예시

No.	설문 문항
1	우리 회사는 조직의 방향을 정기적으로 구성원에게 전달한다. └, 우리 회사는 조직 방향성을 크루에게 공유하고 적극적으로 논의하는 시간을 갖는다.
	Point 해당 기업은 구성원 대신 크루라는 명칭을 사용하고 있다. 또한 정기 미팅으로 조직 방향성을 전달하는 시간은 충분히 갖고 있어서 그보다 상위 단계인 적극적으로 논의하는 행동으로 문장을 수정하였다.
2	우리 회사 구성원은 강한 주인의식을 갖고 있다. └, 우리 회사 크루는 강한 사명감을 가지고 본인의 업무를 수행한다.
	Point 기업의 주요 가치 중 하나는 '사명감'으로서, 모든 구성원에게 '사명감'에 대한 성의와 필요성을 지속적으로 안내하고 있기에 주인의식이라는 표현이 아닌 '사명감'으로 워딩을 수정하였다.
3	우리 회사 리더는 위계질서와 권위를 활용해 업무를 진행시킨다. └, 우리 회사 셀장(이상)은 적극적인 의사소통을 통해 직원을 참여시키고 권한을 부여한다.
	Point 해당 기업은 직급 체계가 구성원과 셀장으로 구분된다. 따라서 리더를 셀장이라는 표현으로 변경했으며, 구성원의 혼동을 방지하기 위해 부정 문항을 긍정 문항으로 변경하여 설정하였다.

처음부터 문항 개발이 쉬운 사람은 단 한 명도 없다. 어디서부터 시작해야 할지 막막하다면, 우선은 다른 회사의 문항을 확보하여 어떤 툴, 구조, 워딩을 활용했는지 계속해서 보는 수밖에 없다. 하지만 진단 문항을 오픈하는 회사는 거의 없으므로 개인적인 인적 네트워크를 활용하거나, '조직진단' 관련 국내외 논문을 검색해서 아이디어를 얻는 것도 좋다. 외부 컨설팅 업체를 활용하는 방법도 있지만, 우리 조직에 맞는 문항을 설정하는 것이 핵심이기 때문에 한번은 도전해 보는 것도 좋은 경험이 될 것이라 생각한다.

완성도를 높이기 위한 디테일한 터치

세부 문항들을 설정했다면 이후에는 전체적인 관점에서 총 문항의 적정 개수도 설정해야 한다. 일반적으로 1개의 요소당 3가지 내외의 문항, 총 30~50개 문항으로 세팅되는 것이 보편적이다. 최근에는 진단에 참여하는 구성원의 피로도를 줄이고자 조금 더 압축하여 문항의 숫자를 20개 내외로 설정하는 기업도 있다. 마찬가지로 구성원의 주관의견 항목도 고려해야 하는데, 문항별로 주관의견을 모든 문항에 추가할지, 카테고리별로 추가할지, 아니면 설문 가장 마지막에 선택사항으로 하나의 주관의견만 설정할지 등에 대한 옵션을 설정해야 한다. 정답이 있는 문제는 아니지만, 조직진단의 목적과 향후 활용 가능성을 고려하여 문항 개발 단계에서 함께 결정하자.

이제 정말 끝인가? 라고 생각할 수 있지만 아직 한 가지가 더 남았다. 바로 Bio 문항인데 쉽게 말하면 진단 결과를 분석하는 단위를 설정하는 것이다. 인구통계학적 설정이라는 표현도 사용하는데, 성별, 연령, 근속연수, 직급, 소속 팀 등을 확인하는 문항을 결정하는 것이다. 향후 진단 결과를 토대로 계획 중인 아이템·액션도 고려하여 범위를 설정하도록 하자. 다만 조직 구성원의 심리적 안정감이 낮은 편이라면, 자세하게 구분된 Bio 문항에서 응답을 중도 포기할 수도 있으므로 조직문화를 고려하여 적정 수준에서 설정하자.

Bio 문항 예시

No.	설문 문항
1	귀하의 성별은?
2	귀하의 직급(또는 직무)은 어떻게 되십니까?
3	귀하가 소속되어 있는 부문을 선택해 주십시오

조직진단에서의 응답 척도는 일반적으로 리커트(Likert) 척도를 활용하고 있다. '전혀 그렇지 않나·그렇지 않다·보통이다·그렇다·매우 그렇다'까지 1~5점으로 구분하는 것이 일반적이나, 응답의 중앙화 현상('보통이다'에 응답하는 경우)을 방지하기 위해 6단계로 구분하는 경우도 있다. 또한 Bio 문항과 같이 단순 정보를 확인할 경우에는 예·아니오 또는 남·여 와 같이 선택형으로 구성하기도 한다. 모든 문항과 응답이 적절하게 매칭되고 호환이 되는지 사전에 응답자의 시선에서 다시 한번 확인하자.

설문조사 시스템 세팅 및 구성원 프로모션

드디어 최종, 최최종, 진짜 최종…의 단계를 거쳐서 설문조사 문항들을 온라인에 업로드하는 단계까지 왔다. 온라인 설문 시스템(구글폼, MS폼, 서베이몽키)을 활용해서 완성된 문항들을 모두 업로드하여 설문을 준비한다. 최근에는 설문을 세팅하고 분석하여 결과를 대시보드 형태로 제공해 주는 HR 플랫폼도 개발되고 있어서, 진단의 목적과 방향성에 따라 어떤 시스템을 활용할 것인지도 중요하다.

또한 외부 컨설팅 업체를 활용하지 않고, 내부에서 직접 설문을 운영할 경우에는 익명성 보장을 위해 시스템 자체에서 개인의 인적 정보를 추적할 수 없도록 설정하는 것이 필요하다. 간혹 모든 세부 데이터를 확인할 수 있도록 설정하는 경우(응답한 사람이 누구인지 확인할 수 있는)도 있는데 추후 데이터가 유출되거나 가공되면 부정적인 결과를 가지고 올 수 있다. 애초에 추적할 수 없도록 시스템을 세팅하여 구성원이 해당 설문을 신뢰할 수 있도록 하자.

조직진단을 위한 기본적인 세팅이 끝났다면, 이제는 성공적인 조직진단을 위한 프로모션 전략을 수립해야 한다. 프로모션 전략이라고 하니 거창하게 들릴 수도 있지만, 간단하게 말하면 되도록 많은 구성원이 조직진단에 관심을 두고 참여하게 만드는 것을 뜻한다. 쉽게 말해 바쁜 현대사회에서 설문조사 50여 개에 달하는 문항에 끝까지 관심을 두고 응답해 줄 구성원은 몇 명이나 있을까? 시장조사, 만족도 조사, 각종 리서치 링크에 본인 스스로도 적극적으로 반응한 경험이 있는지 돌아보면 답은 금방 나올 것이다.

구성원의 관심도를 높이기 위해서 간단한 안내라고 할지라도, 눈에 띄도록 이미지화하여 안내하는 것이 효과적이다. 진단 목적, 방법, 일정 그리고 진단 결과를 통해 향후 어떤 계획을 세우고 있는지를 공표하는 것이 가장 기본이다. 보통은 안내 포스터로 제작하여 사내 엘리베이터, 개인 PC 바탕화면, 그리고 인트라넷 공지 등을 진행한다. 또한 '진단'이라는 어휘에서 오는 부정적인 느낌을 사전에 해소하기 위해 'Engagement Survey, Culture Survey, Pulse Check-up' 등으로 안내하기도 한다. 이외에도 관심도 제고를 위해 구성원에게 조직진단 설문으로 어떤 것을 기대하는지 스티커 보드판을 배치하여 알림을 하는 것도 하나의 방법이 될 수 있다.

앞으로의 조직문화 활동에 부스터를 달려면, 전체 구성원의 적어도 과반수 이상은 설문에 참여하는 것이 바람직하다. (개인적으로는 80% 정도는 나와야 한다고 생각한다) 응답률이 나와야 조직진단 결과에 대해서도 우리 조직 구성원 대부분의 의견이라고 설득하고 이해할 수 있기 때문이다. 특히 대표이사의 마음을 흔들 수 있으려면, 최소한의 응답률 관리는 설문을 진행하는 데 있이 필수라고 할 수 있다. 이를 위해 앞에서 언급한 여러 가지 액션과 함께 구성원의 참여율을 적정 수준까지 올릴 수 있도록 진행 상황을 수시로 점검하고 알림을 보내야 한다.

▌조직진단 결과 분석 및 팔로우업 액션

진단이 종료된 이후에는 진단 결과를 분석하여 조직문화 측면에서의 이슈를 도출한다. 분석 과정에서는 조직 전체 데이터뿐만 아니라 사전에 세팅한 Bio 문항의 기준에 따라 부문별, 팀별 등의 소수 단위 조직 간의 비교도 필요하다. 일반적인 진단 툴을 활용했을 경우 경쟁사와 동일 산업군 등의 비교가 참고 자료는 될 수 있지만, 절대적일 수 없다. 그보다는 우리 조직 내 비교가 유의미하며, 단순 수치에 매몰되기 보다는 공통으로 저조한 부문, 특히 주관의견이 많았던 항목, 다른 부문과의 차이가 큰 문항 등을 사전 인터뷰 내용을 함께 활용하여 근본적인 원인을 도출하는 것이 필요하다.

진단 결과를 분석하여 이슈가 도출된 이후에는 그에 맞는 솔루션(리더십, 코칭, 교육, 조직 활성화 등)을 설정하여 공유해야 한다. 조직진단 결과를 일부 리더에게만 공유하는 경우도 있는데, 개인적으로는 바람직하지 않다고 생각한다. 가장 효과적인 방법은 조직진단의 결과를 대표이사가 사전에 이해하고, 대표이사의 입에서 조직진단의 결과와 향후 계획이 구성원에게 전달되는 것이다. 대표이사가 향후 계획까지 전달함으로써 앞으로의 조직문화 활동에 대한 회사 차원의 적극적인 의지를 표할 수 있는 가장 효과적인 방법이라 생각된다.

조직진단은 조직의 변화도를 지속적으로 측정하여 조직문화 활동에서의 효과성을 확인하고 앞으로 우리가 진행할 활동에 힘이 되어 주는 강력한 무기이다. 따라서 연 1회 정도는 정기적으로 운영하여 변화도를 측정하고 조직의 이슈에 따라 설문 문항도 업데이트해 가는 것이 좋다. 최근에는 IT 기업을 중심으로 5개 문항 내외로 월 1회, 혹은 분기 1회 정도 설문을 진행하는 경우도 늘고 있다. 조직과 구성원의 변화에 민감하게 반응하고자 한다면 이러한 방식을 활용하는 것도 괜찮은 방식이다.

조직진단 실제 현업에서는 어떤 형태로 진행될까?

국내 중견기업 A사에서 조직문화 업무를 담당하고 있는 담당자의 사례를 통해 실제 기업 내에서 '조직진단'이 어떻게 구조화되고 작동하는지 전체적인 프로세스를 설명하고자 한다.

해당 기업은 제조업 기반의 중견기업으로 회사가 창립된 지는

20여 년이 흘렀지만, 조직문화에 대한 이슈는 크지 않았다. 하지만, 최근 3년 이내 입사자를 중심으로 퇴사율이 빠르게 증가하고 있어 조직문화 개선에 대한 필요성이 조금씩 대두되고 있었다.

조직문화 변화를 위해 A사의 담당자는 가장 먼저, 조직진단 프로세스에 따라 최고 경영자를 포함한 주요 임원을 대상으로 대면 인터뷰를 시행했다. 인터뷰는 1시간 내외로 1:1로 진행되었는데, 우리 회사의 강점, 개선점, 조직에서의 주요 이슈 등에 대해 순차적으로 질문하고 답변하는 형식을 택했다. 인터뷰를 진행하는 동안, 지난 2년간 매월 진행되었던 경영 전략 회의 자료를 리뷰하며 조직 내부의 전략 방향성을 확인했다. 또한 인사팀의 협조로 '퇴사자 면담 조서'를 입수하여 해당 서류에서 발견할 수 있는 공통사항을 파악하였다. 실제 담당자가 업무를 진행하면서 정리했던 내용들을 함께 살펴보자.

인터뷰 및 자료 분석 자료 (예시)

주요 임원 인터뷰 내용	조직의 강점	상호 신뢰와 믿음이 강한 편이다. 동료들의 도움 요청에 거절하는 사람은 거의 없다. 정말 하나의 가족처럼 끈끈한 무언가가 있다. 사람이 좋아서 다른 회사에 갔다가 다시 돌아온 직원들이 있을 정도니 말 다했지 않나?
	조직의 개선점	강점과 연관되는 것일 수도 있는데, 관계적으로는 구성원들끼리 믿고 신뢰하지만, 개개인의 업무 능력 또는 변화에 빠르게 대처하는 역량 등은 조금 부족한 것이 사실이다. (중략) 또한 업무적인 성장에 대해 크게 관심을 두는 사람이 없는 것 같다. 내부에 대학원 지원 등의 제도가 있음에도 이를 활용하는 직원이 많지 않아 안타깝다.
	최근 조직 내 주요 이슈	현장 근무직의 특성상, 높은 연령대의 구성원이 많은 편이고 근속년수 또한 길다. 다만 최근 시세 확장으로 신규입사자를 매년 뽑고 있는데, 1년 사이에 상당수 인원이 퇴사를 했다. (중략) 업무 강도가 높아서 그런 것인지, 아니면 기존의 조직문화에 소위 말하는 MZ세대가 적응을 못하는 것인지 고민이 많다.
경영 전략 회의 자료 분석	법 규정 강화로 시장 확대	안전 관련 법규 강화로 정기적인 '유지보수'가 법제화됨. 이에 따라 최근 자연스럽게 시세가 확장되며, 신규 인원을 고용해야 하는 이슈 발생
	신규 서비스 제품 확대	이전과 달리 신제품이 빠르게 개발되고, 관련된 서비스 기술도 점차 고도화되어 가고 있음. 따라서 새로운 기술을 빠르게 습득하고 현장에 적용할 수 있는 서비스 기술 교육이 정기적으로 진행되고 있음. 그러나 교육 참여율이 저조하여 동일한 교육을 반복적으로 안내하고 있는 상황
퇴사자 면담 조서 분석	퇴사(이직) 사유 공통 키워드	선배 혹은 시니어가 업무를 제대로 가이드해 주지 않고, 알려 주지 않는 경우가 많음. 또한 기존의 구성원 간의 관계성이 높다 보니 새롭게 합류한 인원이 쉽게 적응하기 어려운 문화가 다소 존재

조직진단을 한번도 경험하지 못한 기업이었기 때문에 조직 전반에 대한 진단이 필요한 상황이었다. 경영진 인터뷰에서 조직 내의 이슈를 전체적으로 파악한 적이 없어 가장 많이 활용되고 있는 맥킨지의 OHI 진단 툴을 활용하기로 했다. 다만 진단 도구 툴을 그대로 가져가되, '조직문화'와 '조직 변화 능력'의 부분에서는 우리 조직에서 사용되고 있는 표현으로 변경하여 조직 구성원의 이해도를 높일 수 있도록 업데이트했다. 다음 진단 툴 내 세부 영역으로서 참고로 봐주길 바란다.

진단 영역 예시

No.	진단 영역
1	조직 의사결정 방식 (명확하고 투명한 의사결정)
2	조직 문제해결 능력 (조직·구성원의 문제해결 역량)
3	조직의 변화 및 혁신 능력 (조직 변화 유연성, 혁신 대응력)

중견기업 A사는 자체적으로 이용하고 있는 HR 플랫폼을 활용하여 설문을 진행했다. 조직 내 처음 시행되는 조직진단이었기에 구성원의 이해도를 높이고자 진단의 목적과 필요성을 설명한 포스터를 제작해 진단 2주 전부터 프로모션을 진행했다.

그 결과 최종 응답률은 83%를 기록했으며 유효 응답률(오류가 있지 않은)은 79%를 보였다. 조직진단의 결과는 부문별, 영역별, 구성원 직급별 등으로 분석이 진행되었으며, 이후에는 분석된 결과를 바탕으로 현재까지 다양한 조직문화의 방향성과 세부 아이템을 구상하였다. 해당 내용은 리더 대상으로 1차 공유를 진행하였고, 이후에는 구성원 전체를 대상으로 공유하면서 조직의 현재와 앞으로의 모습을 모두 함께 이해하는 시간을 가졌다.

프로젝트 수행 프로세스

	3주	3주	3주	1주
	1. 설계 및 개발 (Design)	**2. 진단 실행 (Implementation)**	**3. 결과 분석 (Result Analysis)**	**4. 개선 과제 도출 (Improvement)**
조직 / 리더십 진단	· 내부 자료 분석 · 진단 모델 구성 및 개발 · 진단 문항 도출 · 진단 대상자 선정	· 다면 진단 설문 실시 - On-line Survey · 응답률 관리 및 설문 참여 독려 - 일별 응답률 관리 - 응답률 저조 시 독려 진행	· 진단 결과 분석 - 전사 단위, 항목별 분석 등 - 리더십 개인별 수준 분석 · 보고서 작성 - 전사/조직별 보고서 작성	· HR 관점의 시사점 및 개선 과제 도출 · 실행 계획 및 Master Plan 수립

해당 기업의 담당자가 조직진단 프로젝트에서 가장 어려운 점은 조직진단의 필요성을 주요 의사결정자와 전체 조직 구성원에게 설득하는 것이었다고 한다. 아무래도 한번도 조직진단을 경험하지 못한 기업은 정확하게 조직진단이 어떤 목적으로, 왜 하는 것인지에 대한 이해도가 부족할 수밖에 없다. 지속적인 조직의 변화관리를 위해 조직의 모습을 수치화하고 정량화하여 관찰해야 한다는 필요성을 반복적으로 설득한 것이 중요한 부분이라 할 수 있다.

조직진단 현실적으로 가능할까?

앞의 사례처럼 중견기업 A사만이 조직진단 진행에 어려움을 겪었을까? 그렇지 않다고 본다. 조직진단이 효과적이고 파워풀한 기법 중의 하나임은 확실하지만, 조직진단은 오만가지 생각이 드는 미션이다. 아무래도 전사 구성원을 대상으로 한 커뮤니케이션이 필요하므로 조심스러울 수밖에 없고, 의도가 충분히 전달되지 않으면

'개선'이나 '변화'를 위한 행위가 아닌 문제를 '지적'하고 '색출'한다고 오해할 수 있기 때문이다. 상당히 많은 리소스가 필요한 프로젝트이기 때문에 조직의 규모가 작거나 조직문화 담당자가 별도로 존재하지 않은 스타트업에서는 조직진단을 가장 기본적인 과제로 인식하고 있지만, 현실적인 측면에서 상당한 부담이 될 수밖에 없다.

실제 기업에서 조직문화를 담당하고 있는 관계자에게 다시 한번 '조직진단, 만만치 않죠?'라고 질문해 보았다. 대부분 담당자가 한숨을 쉬었다. 생각하는 것보다 사이즈가 너무나도 큰 프로젝트이고 소위 말해 손이 너무 많이 가는 업무라고 말이다. 앞에서 언급했던 최최종의 수정 단계들은 순탄치 않은 과정일 수밖에 없다. 그런데도 조직문화에 관심이 있거나 제대로 만들어 보고자 하는 기업에서는 실제 매년 운영하거나, 아직 시행하지 않고 있더라도 곧 도입할 예정인 곳들이 많다.

결과적으로 조직진단은 꼭 필요하다. 왜냐하면 첫째, 조직진단을 통해 조직에 속한 다양한 구성원의 생각과 의견을 효과적으로 수집할 수 있다. 아무리 인적 네트워크가 좋은 담당자라도 수십, 수백 명에 달하는 구성원의 의견을 일일이 확인하는 것은 불가능하며, 솔직한 의견을 전달받는 것은 정말 쉽지 않은 일이기 때문이다.

둘째, 조직문화 활동의 과제와 우선순위를 결정할 수 있다. 조직문화 솔루션은 범위가 넓고 방법도 천차만별이라 우리 조직에 가장 필요한 것이 무엇인지 선택하는 것이 중요한데, 조직진단은 방향을 잃은 조직에 업무의 우선순위를 설정하고 실행할 수 있게 해준다.

마지막으로 앞으로 진행할 조직문화 활동에 강력한 지지를 얻을 수 있다. 조직문화를 변화시키는 과정은 쉽지 않으며, 모든 구성원을 동참시키는 것은 정말 어렵다. 하지만 조직진단은 구성원의 보이스가 담겨 있다는 것 자체로 강력한 지지와 동력을 가지기에 충분하다. 힘들고 고된 과정이지만 우리 조직의 문화를 변화시키고자 한다면, 도전해 볼 만한 가치가 있지 않을까 생각한다.

MVC
조직문화 핵심,
미션·비전·핵심 가치 수립하기

어디로 가야 하죠
아,,저,,씨? 아니…회사야..?

평범한 직장인이라면 '도대체 이 일이 왜 필요한지?' '왜 내가 무엇 때문에 이 일을 해야 하는지?'에 대해서 고민했던 경험이 한 번쯤은 있을 것이다. 이런 상황에서 가장 필요한 것은 무엇일까? 누구라도 좋으니 '왜 해야 하는지', '무엇을 해야 하는지', 더 나아가서 '어떻게 하면 될지' 알려 주는 사람이 있었으면 하는 생각을 해본 적 있지 않은가? 막막하고 답답한 상황에 마음고생한 경험… 모두 있지 않을까?

조직의 구성원으로서 맡은 업무의 목적과 방향성이 없다는 것은 회사 차원에서도 효과적으로 성과를 달성하고 지속 성장하는데 뚜

렷한 계획이 존재하지 않는다는 것을 의미한다. 당연하게도 이러한 모습이 반복된다면, 회사는 현재와 같은 모습으로 존재할 수는 있어도 조직이 실질적인 성과를 내는 것을 기대하기는 어렵다. 결과적으로 조직의 방향성을 설정하는 것은 회사 측면뿐만 아니라 조직의 구성원 차원에서도 굉장히 중요한 단계라고 할 수 있다.

조직문화 담당자로서는 앞에서 설명한 '조직진단' 단계에서 인터뷰, 자료조사, 설문조사 등을 통해 회사의 지향점을 파악했다고 말할지도 모른다. 하지만 매번 이러한 내용을 구구절절 자료를 가지고 자리를 옮겨 다니며 설명할 수는 없는 노릇이다. 되도록 단순하고 효과적인 커뮤니케이션을 위해서, 구체적이고, 간단명료하게, 누구나 이해하기 쉬운 문장으로 우리 조직의 '방향성'을 설정해야 한다.

▌미션, 비전, 핵심 가치 = MVC

조직의 수준에서 '방향성'을 명확하게 한다는 것은 곧 조직의 미션, 비전, 핵심 가치를 수립한다는 것과 동일한 의미이다. 미션(Mission)은 회사의 존재 목적(Why)을, 비전(Vision)은 회사가 구체적으로 추구하는 바(What)를, 그리고 핵심 가치(Core Value)는 업무를 수행하는 방법(How)을 설명한다. 미션 → 비전 → 핵심 가치 순으로 설정되는 것이 일반적이며, 또한 같은 순서로 카테고리와 범위가 설정된다고 이해하면 쉽다. 실무에서는 MVC라는 용어로 간단히 줄여서 말하기도 한다.

MVC에 대한 이해도를 높이려면 먼저 국내 대기업 혹은 전통적인 산업군의 비즈니스를 기반으로 하는 기업들의 사례를 살펴보는 것이 효과적이다. 기업의 연혁만큼이나 미션, 비전, 핵심 가치 3가지 요소를 적정하게 갖추면서도 어휘나 표현 등이 잘 정제된 경우가 많아서 먼저 해당 기업의 MVC를 확인하는 것을 추천한다. 대부분은 기업의 회사 소개 또는 채용 홈페이지의 메인을 살펴보면 쉽게 체크할 수 있다.

MVC 기업 사례

구분	미션	비전	핵심 가치
A사	인간의 삶을 풍요롭게 하고 사회적 책임을 다하는 지속 가능한 미래에 도전하는 혁신적 기술, 제품, 그리고 디자인을 통해 미래 사회에 대한 영감 고취	미래 사회에 대한 영감, 새로운 미래 창조	Beloved Brand, Innovative Company, Admired Company
B사	지속 가능한 B사	고객과 함께 내일을 꿈꾸며 새로운 삶의 가치를 창조한다	안전, 공정 인사, 문제해결
C사	함께 성장하며 행복을 나누는 C사	2030 하나로 연결된 모두의 금융	열정, 열린 마음, 손님 우선, 전문성, 존중과 배려

기업 공식 홈페이지 참고

최근에는 기존에 MVC 틀에서 벗어난 형태도 많이 보인다. MVC 자체가 조직의 방향성과 가이드를 제공한다는 중요한 역할을 인지하여, 구성원이 더욱 쉽게 이해하고 조직과 구성원이 상호 커뮤니케이션할 수 있도록 일반적인 형태에서 약간의 변형을 주는 것이다. IT 기업이나 스타트업 산업 쪽에서 조직문화에 따라 다음과 같은 형태도 활용할 수 있다는 점을 함께 체크하자.

MVC IT·스타트업 기업 사례

구분	미션	비전	핵심 가치
A사	없음	Connect Everything, 새로운 연결, 더 나은 세상	
B사	누구에게나 쉽고 상식적인 금융을 만드는 것	없음	고객 중심, 탁월함, 책임감, 상호존중, 사명감
C사	to create a world in which our customers ask, 'How did I ever live without C?'	없음	리더십 Value 활용

해당 기업 공식 홈페이지 참조

MVC 수립을 위한 실무 프로세스

MVC 수립을 위한 실전 단계로 들어갈 차례이다. 회사의 방향성을 설정하는 데에는 탑다운(Top-down)과 바텀업(Bottom-up) 2가지 방식이 있는데, 조직의 상황에 따라 어느 방식을 선택해도 괜찮다. 하지만 MVC 목적이 조직 구성원과 공유하고 커뮤니케이션하기 위함이기 만큼 구성원의 참여를 통해 MVC를 설정하는 것이 효과적이다. 워크숍의 형태로 구성원의 의견을 수렴하는 것이 일반적인데,

규모가 소수일 경우에는 조직 전체 구성원이, 규모가 다소 있는 경우에는 주요 이해관계자를 선정하여 워크숍을 진행한다.

MVC 수립 워크숍

Module	주요 내용	방법
❶ 준비하기	· 우리 회사의 성공·긍정 사례 발굴 · 우리 회사의 성장 요소 탐색하기	
❷ 돌아보기	· 우리 회사의 조직문화 확인하기 (조직진단 결과 공유) · 우리 회사 SWOT 분석하기	Facilitating Discussion
❸ 수립하기	· 조직의 성과 달성과 몰입을 위한 MVC 경영 이해하기 · MVC 의미와 우리 조직의 MVC 수립하기	
❹ 공유·성찰하기	· 그룹별 MVC 공유하기 · 기대사항 및 향후 계획 공감	

워크숍을 진행하는 자리에서 MVC를 확정 지을 수 있다면 좋겠지만, 구성원의 다양한 의견이 도출되는 현장에서 하나의 문장과 워딩으로 MVC를 결정하는 것은 쉬운 일이 아니다. 워크숍에서는 어느 정도 조직의 방향성을 정리하는 것이 목적이며, 실제로는 워크숍 자리를 통해 구성원에게 MVC 수립 과정에 참여했다는 인식을 심어주기 위함이 더욱 크다. 따라서 완벽하게 MVC 수립을 목적으로 워크숍을 진행하기보다는, MVC 수립의 중요성과 취지를 공감하는 데 포커스를 두도록 하자.

MVC 워크숍 이미지 예시

워크숍이 불가능하다고 해서 방법이 없는 것은 아니다. 이전에 작업했던 조직진단과 HR 데이터 등을 분석한 자료 등으로 주요 키워드를 수집하는 방법이 있다. 조직진단 결과는 여러 분야에서 활용될 수 있으니 참고하자. 우선 조직 방향성을 설명할 수 있는 이슈를 카테고리화하고 그에 맞게 각 자료에서 확인할 수 있었던 주요 키워드를 나열한다. 이후에 우리 조직에 맞는 키워드는 무엇인지 카테고리별로 선정하는 것이다. 키워드 최종 선정 시에는 일부 구성원 의견을 청취하여 당위성을 확보하는 것이 이후 조직의 동의를 얻기에 용이하다.

키워드 수집 예시

구분	사명감	신속한 변화	열린 마음
구성원 인터뷰	고객 중심	개방적이고 유연함	망설이지 않는 지원
	마켓 선두	실패 인정	투명한 커뮤니케이션
조직진단 (인터뷰)	고객 집중	효율적인 의사결정	팀워크
	시장 만족	Agile 태도	함께하는 자세

| 우리 회사만의 표현으로
| Change

주요 키워드를 선정했다면 미션, 비전, 핵심 가치를 명문화(텍스트) 해야 한다. MVC 수립 프로세스에서 가장 중요하다고 할 수 있는데, 구성원과 C 레벨의 수많은 이야기와 워딩들을 찰떡같이 우리 조직의 색깔을 입혀 하나의 문장으로 완성할 수 있어야 한다. 우리 조직에서 항상 하는 말, 리더들이 강조하는 내용, 특히 C 레벨이 반복적으로 활용하는 워딩을 적절하게 배치해야 한다.

문장의 어미는 어떻게 끝내야 하는지, 어떤 규칙들을 가지고 문장을 세팅할지 결정해야 한다. 마치 카피라이터가 된 기분으로 말이다. 정말 어려운 과정이다. 실제로 한 기업에서는 카피라이터와 함께 MVC 프로젝트를 진행하는 경우도 있었다.

MVC 수립한 경험으로 아주 소소한 팁을 공유하자면, 우선은 문장이나, 키워드, 간단한 텍스트 등이 떠오르지 않을 때는 뉴스 기사 헤드라인을 참고하는 것을 추천한다. 의외로 조직에서 활용될 수 있는 눈길을 사로잡는 것들이 있다. 또한 키워드를 반복적으로 작업하다 보면 더 이상 어휘가 떠오르지 않는 경우가 있는데, 이럴 때를 대비해 평소 캐치프레이즈 내용들을 꾸준히 수집하거나 글을 읽을 때 좋은 글귀 혹은 문장은 필사해 두는 것도 추천한다.

마지막으로 MVC 수립 작업은 집단 지성이 필요한 프로젝트다. 조직문화 업무를 함께하는 동료들과 함께 논의하며 작업하다 보면, 혼자서는 생각해 내지 못했던 표현을 캐치할 수 있기도 한다.

가장 효과적인 방법은 구성원에게 잘 이해되는지, 잘못 해석되지 않는지, 우리 회사 상황에 맞는지 등에 대해 반복적으로 의견을 확인하는 것이다. 담당자 중에 구성원의 의견 청취를 걱정하는 경우를 보았는데, 사정을 들어보니 '여러 차례 작업을 거친 메시지가 구성원의 의견과 너무 다르면 어떡하냐?'라는 것이었다. 10명 중에서 10명이 모두 아니라고 하면 처음부터 당연히 다시 생각하여야 하겠지만, 자료 분석, 의견 청취, 워크숍까지 구성원의 목소리를 담은 MVC가 아예 엎어지는 경우는 거의 없다. 현재까지 진행했던 프로세스를 믿고, 크리티컬한 부분을 구성원과 함께 확인하는 세션으로 생각하자. 의견을 듣는 행위만으로도 구성원은 본인이 MVC 작업에 동참했다 느끼고 앞으로의 활동에 관심을 가질 수밖에 없을 것이다.

▌미션
▌기업 사례 체크하기

미션(Mission)은 기업의 존재 목적을 의미한다. '왜(Why) 우리 기업과 조직이 존재하는지, 우리 사회에서 어떤 역할을 수행하는지, 어떤 변화를 추구하는지' 등에 대한 답이라고 할 수 있다. 사실상 우리 조직의 업의 본질과 신념 등을 찾는 단계이다. 미션은 조직의 존재 목적을 설명하는 것이기 때문에 'MVC' 중 가장 주요한 요소이며, 변하지 않고 일관되게 유지되는 것이 바람직하다. 따라서 기존에 미션이 존재하지 않았던 조직에서는 신중하게 이를 세팅해야 하며, 구성원의 의견 청취와 C 레벨과의 의견 청취 등을 통해 수립하는 것이 필수이다.

미션 사례

기업명	내용
A사	"To organize the world's information and make it universally accessible and useful."
B사	"To bring the best user experience to its customers through its innovative hardware, software, and services."
C사	Our mission is to create a world in which our customers ask, 'How did I ever live without us?' We place our customers first and offer them the best possible prices and selection within a highly convenient and personalized shopping environment.
D사	당신의 위대한 상상, 우리의 가장 작은 반도체가 현실로 연결합니다
E사	창의적 사고와 끝없는 도전을 통해 새로운 미래를 창조함으로써 인류사회의 꿈을 실현합니다

기업 공식 홈페이지 참조

비전
기업 사례 체크하기

비전(Vision)은 조직이 목표하는 바를 뜻한다. 구체적으로 무엇(What)이 우리가 추구하는 바인지, 어떤 미래상을 꿈꾸는지를 의미한다. 미션과 혼동될 수 있지만, 비전은 미션보다는 가시적이며, 구체적으로 다른 기업과 어떤 부분에서 차이가 있는지를 비전에서 설명할 수 있어야 한다. 또한 비전은 3, 5, 7년 등의 주기로 조직의 비즈니스 모델 또는 환경이 변화할 때마다 업데이트할 수 있다. 변화가 잦은 스타트업에서는 비전 2.0, 3.0 등으로 조직이 추구하는 변화 모습에 맞추어 내용을 발전시키기도 한다.

비전 사례

기업명	내용
A사	"to provide access to the world's information in one click."
B사	We believe that we are on the face of the earth to make great products, and that's not changing.
C사	정보기술을 활용하여 배달산업을 발전시키자 좋은 음식을 먹고 싶은 곳에서 문 앞으로 배달되는 일상의 행복
D사	Life on D사 365일 24시간, 사용자의 일상 전반을 서포트하는 라이프 플랫폼
E사	E사는 기술로서 이동을 서비스화하여 이동을 더 쉽고, 더 가치 있게 만듭니다

기업 공식 홈페이지 참조

핵심 가치
기업 사례 체크하기

핵심 가치(Core Value)는 업무를 수행하는 데 있어서 우선순위가 되며, 모든 구성원이 반드시 지켜야 하는 원칙과 기준을 의미한다. 우리 조직에서는 어떻게(How) 일해야 하는지, 무엇을 하지 말아야 하는지에 대한 조직 차원의 규칙이라고 생각하면 이해하기가 쉽다. 어떠한 비즈니스 모델이나 성과일지라도, 핵심 가치를 기반으로 업무를 수행하지 않으면 Best case로 설명될 수 없다는 것을 유념하며 수립하는 것이 좋다. 또한 조직 구성원이 핵심 가치를 실제 업무에 적용하고 실행하기 위해, 핵심 가치의 숫자는 너무 많지 않도록 조정하는 것이 필요하다. 마찬가지로 구성원의 이해를 돕기 위해 주요 키워드를 세팅한 뒤에는 자세한 설명(Narrative)을 함께 전달하는 것이 효과적이라 할 수 있다.

핵심 가치 사례

기업명	내용
A사	Great isn't good enough. Focus on the user, all else will follow. It's best to do one thing really well. Fast is better than slow. Democracy on the web works. You can make money without doing evil. There's always more information. The need for information crosses all bor You can be serious without a suit. You don't need to be at your desk
B사	Judgement, Communication, Curiosity, Courage, Passion, Selflessness, Innovation, Inclusion, Integrity, Impact
C사	사용자 중심, 프로팀, 본질적 문제해결, 속도와 도전, 투명성
D사	이용자 중심으로 생각합니다 임팩트가 더 큰 일을 우선합니다 대담하게 생각하고 과감하게 행동합니다
E사	IMPACT, TRANSPARENCY, OWNERSHIP, FEARLESSNESS, RESPECT
F사	나와 내 가족이 사고 싶은 상품을 판매합니다 물류 혁신을 통해 최상의 품질로 전해 드립니다 같은 품질에서 가장 적합한 가격을 제공합니다 고객의 행복을 먼저 생각합니다 지속 가능한 유통을 실현해 나갑니다 함께 변화를 주도하고 새로운 기회를 만듭니다

기업 공식 홈페이지 참조

다양한 기업의 사례들을 확인하면서 자연스럽게 드는 질문이 있을 것이다. 그럼 이 중에서 제일 잘 만든 MVC는 뭘까? MVC는 과거에는 어느 정도 정제된 형태가 있었지만, 최근에는 다양한 비즈니스 모델만큼이나 다채로운 형태로 표현되고 있다. 즉, 가장 잘(?) 만들어 낸 또는 가장 이상한(?) MVC는 없다. 중요한 것은 MVC 수립을 통해 이것의 목적과 취지를 구성원에게 충분히 전달하는 것, 그리고 우리 회사의 가이드라인으로서 활용될 수 있는지이다. 미션, 비전, 핵심 가치 명칭을 그대로 사용하지 않아도 전혀 상관없으며, MVC 중에 일부만 있어도 조직에서 이견이 없다면 크게 문제가 없다. 우리 조직의 가이드로서 방향성을 충분히 설명하고 이를 정리할 수 있다면 그것만으로도 충분히 의미가 있다.

MVC 수립 끝나긴 할까?

어느 순간부터 친구들끼리 정기 모임을 하게 되면서, 자연스럽게 모임의 규칙이 생기는 과정을 경험한 적이 있을 것이다. 아주 사소하게는 모임의 이름, 빈도, 장소에서부터 가장 중요한 회비에 대한 부분까지 말이다. 마찬가지로 MVC 수립 단계도 그렇다. 최고 경영진뿐만 아니라 조직 구성원이 우리 회사에 대해 가지고 있는 방향성을 일치시키고 그것을 하나의 문장 또는 표현으로 정리하는 것은 단순한 일이 아니다. 시간이 걸리는 것은 당연하다.

도출된 최종 MVC는 어디까지나 우리 조직 전체를 아우르는 표현으로써 어떤 특정인 또는 특정 조직을 대변해서는 안 된다. 조직은 살아 있는 유기체와 같아서 올해 만들어진 MVC 중 일부가 5년 뒤에는 더 이상 작동할 필요가 없을 수도 있다. 예를 들어 소통이 핵심 가치로 도출되었으나 5년 동안 소통 이슈 개선을 위한 활동을 꾸준히 진행한 결과 더 이상 강조할 필요성이 없어지기도 한다.

MVC가 최종 도출되고 난 뒤 조직의 변화를 세세하게 살펴보면서 현재 우리 조직에 효과적으로 적용될 수 있는지, 혹은 조직에서 강하게 드라이브할 필요가 있는 키워드 등은 없는지 지속적으로 검토하며 업데이트하는 것이 중요하다. 물론 1~2년 단위로 업데이트하는 것은 구성원으로서 혼란이 가중될 수도 있다. 그렇지만 적정한 범위와 시기를 고려하며 우리 조직의 MVC를 계속해서 점검하는 태도가 필요하다.

만들어 놓기만 하면 모른다
널리 널리 알리자

수립된 MVC는 다른 아이템들과 마찬가지로 널리 널리 알리는 일이 남았다. 프로세스 중간중간 구성원과 공유하고 의견을 나누는 세션을 가졌다고 할지라도, 정식으로 출판하는 것과는 그 의미가 다르다. 앞으로 우리 회사의 조직은 (동시에 조직문화는) 이러한 방향으로 나아갈 것이라는 점을 전달하는 의미이기 때문에 전사적으로 안내할 필요가 있다. 물론 가장 기본은 대표이사의 공식적인 공표다. 전사 공유회를 포함해 다양한 형식으로 MVC를 전파하는 방법에 관해 설명하고자 한다.

요즘 정보를 전달할 때 글만 작성하지 않고 간단한 문서를 제외하고는 이미지를 만들어서 전달하는 세상이다. 회사도 마찬가지다. 글로, 이메일로, 문서로 전달하면 정보가 쉽게 휘발될 뿐만 아니라 다른 정보와 뒤섞여서 눈에 띄지도 않는다. 같은 맥락에서 MVC 수립이 모두 끝났다면, 이제는 텍스트를 기반으로 이미지 아이템인 'Visual Object'를 제작할 차례다. 동일한 메시지라도 이미지의 형식과 디자인에 따라서 구성원의 반응도 다를 수 있다.

첫 번째로 진행하는 것은 '포스터' 형식이다. 정보 전달성의 안내문처럼 포스터를 제작하는 것인데, 포스터라는 특성에 맞도록 간단, 명료, 단순하게 주요 내용들이 눈에 쉽게 들어올 수 있도록 구성하는 것이 효과적이다. 제작한 이후에는 사이즈, 크기, 형태를 다양화하고 구성원의 이동 동선에 부착하여 언제 어디서나 해당 내용을 확인할 수 있도록 한다. '지겹도록' 노출 시킨다는 느낌으로 업무 공간 내에 활용할 수 있는 범위를 찾도록 하자.

최근에는 재택근무, 거점오피스, 워케이션 등 다양한 근무 형태로 인하여 '하드카피'로 메시지를 전달하는 것이 효과적이지 않거나 비효율적인 경우가 있다. 이럴 때는 이미지를 PC 기본 화면, 인트라넷, 화면 보호기 등으로 설정하거나 영상 형태로 가공하여 시리즈물로 전달하는 것도 좋다. 특히 MVC 런칭 시점과 맞추어 구성원이 직접 커스텀 할 수 있는 다양한 형태의 스티커 등을 제공하기도 한다. 자연스럽게 본인이 원하는 공간이나 사물에 부착하여 노출시킬 수 있는 장점이 있다.

MVC 수립 시점이 사옥을 이전하거나 혹은 내부 인테리어를 할 수 있는 상황이라면, 공간에 디자인 요소를 반영하는 것도 효과적인 방법 중에 하나다. 인테리어 요소로 자연스럽게 공간 내에 스며들 수 있도록 하는 것이 주요한 핵심인데, 적정 규모에서 적용하도록 하자. 인테리어 요소로 반영하는 것은 다른 것보다 비용적인 측면에서 부담이 있을 수 있다.

조직의 특성상 신규입사자의 비율이 높을 경우 채용 프로세스에서 우리 조직의 문화를 전달하는 방법도 있다. 우선 채용 페이지에 MVC를 업로드하면서 자연스럽게 우리 조직의 방향성을 공유할 수 있다. 가장 쉽고 간편한 방법 중에 하나이니 반드시 적용하는 것을 추천한다. 신규입사자 대상의 웰컴키트에 우리 회사의 방향성을 키워드별로 적용하거나 가이드북을 함께 제작하여 전달할 수도 있다.

MVC 수립이 완료된 이후

Visual Object를 통해 구성원의 관심도를 높였다면 MVC를 효과적으로 전파하는 데 성공한 것일까? 대답은 '아니다'이다. 조직문화는 실제 구성원의 행동으로서 발현이 되어야 의미가 있다. 일방적으로 메시지를 전달하는 것에서 벗어나 구성원 개개인의 행동 발현을 위해서는 어떤 방식이 효과적일까? 가장 단순한 접근법은 구성원과 방향성을 공유하고 개개인의 실천 계획을 수립할 수 있는 시간을 갖는 것이다. 교육 솔루션으로 접근하는 것인데, 다음과 같이 우리 조직의 방향성과 함께 본인 개인의 방향성을 Align 하는 모듈이 일반화되어 있다.

MVC 내재화 교육 모듈 예시

Module	주요 내용	방법
❶ 마음 열어보기	- 대내외 환경의 변화와 MCV 필요성 이해 - 우리 회사의 미션, 비전, 핵심 가치 이해	
❷ 회사와 나	- 우리 회사의 과거, 현재, 미래 - 회사에서의 나와 나의 성장 - MVC 실행을 위한 공감대 형성	Facilitating Discussion
❸ 실천 다짐	- 핵심 가치 실천을 위한 아이디어 - 회사와 개인 관점에서의 실천 계획 수립	

가장 강력한 방법은 입사에서부터 퇴직 단계에 이르기까지 모든 HR 프로세스에서 우리가 함께 수립한 미션, 비전, 핵심 가치를 적용하는 것이다. 앞서 이야기한 채용 평가 제도, 퇴직 프로세스에 이르기까지 모든 단계에서 우리 회사의 MVC를 반영하는 것을 의미한다. 조직문화 변화를 원한다면 이제부터가 본격적인 시작이라고 할 수 있다. 다음 챕터에서는 MVC를 효과적으로 적용하고 있는 다양한 기업의 사례와 아이템을 통해 모두가 부러워할 만한 조직문화를 만들 수 있는 실무 팁을 확인해 보자.

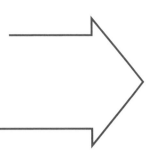

파워풀한
조직문화를 위한 TIP
스타트업

강력한 조직문화?
조직문화가 강력할 수 있나?

조직의 현상과 이슈를 파악하는 준비 단계와 기본적인 방향성
을 설정하는 세팅 단계가 끝나면, 본격적으로 강력한 조직문화를 형
성하기 위한 시점이 도래한다. 강력한 조직문화란 무엇일까? 실무
자로서 항상 고민하는 지점인데, 개인적으로는 '규범'이라고 말하고
싶다. 모든 구성원의 행동에서 자연스럽게 보여지는 것, 업무 프로
세스에서 암묵적으로 그렇게 해야함을 상호 이해하는 것, 그렇지 않
으면 가이드를 전할 수 있는 것이다.

이해가 어려울 수도 있지만, 간단한 예를 들자면 아파트에서 이
웃을 만나면 인사하는 것이 인사를 나누지 않는 것보다는 자연스럽

다고 느끼는 경우가 있을 것이다. 특히 아이의 경우 그런 어른들의 모습을 보면서 자연스럽게 이웃과 인사하는 법을 학습하고 또 다른 이웃에게도 기분 좋은 인사를 건네기도 한다. 이처럼 조직문화는 자연스럽게 우리 조직에서 직책, 성별, 신입·경력 등의 구분 없이 하나의 모습을 띠는 것을 말한다. 이러한 현상이 일상적으로 보여지면서 중요한 순간에 작동되어 결과적으로 조직 성과 창출에 긍정적인 영향을 끼치면 강력한 조직문화라고 판단할 수 있을 것이다.

우리 일상의 예로 설명해서 그런 것이지 실제 우리 조직의 모습을 비추어 봤을 때는 굉장히 어려운 작업임은 분명하다. 회사가 창립된 지 얼마 되지 않았거나, 구성원 대부분이 경력직으로 구성되었다면 조직 구성원 전체에게 조직문화를 전달하고, 또 그들이 우리 회사의 조직문화와 같은 방향으로 나아가길 바라는 것은 절대 단시간에 해결될 수 있는 문제가 아니다. 그래서 앞에서 설명했던 MVC를 수립하고, 지속적인 조직진단을 통해 우리 회사의 변화 정도를 확인하고 바람직한 조직문화의 모습을 만들기 위한 아이템을 발굴해야 한다.

조직의 대내외 환경, 구성원 특성, CEO의 의지 등 다양한 요인으로 조직에서 실질적으로 작동되고 있는 아이템은 당연한 이야기지만 회사마다 천차만별이다. A라는 조직은 경력개발 단계에서, B 조직은 구성원과의 소통 단계에서, C 조직은 평가 프로세스 등에 중점을 두고 아이템을 진행하는 식이다. 조직의 규모(구성원의 수)는 조직문화 아이템이 상이할 수밖에 없는 주요 요소 중의 하나이다. 따라서 해당 챕터에서는 스타트업과 대기업을 기준으로 강력한 조직 문화 아이템은 무엇이 있는지 설명하고자 한다.

▎파워풀한 조직문화를 만들고 있는 스타트업

파워풀한 조직문화를 가진 기업 중 우선 스타트업 기업을 일부 선정하여 실제 사례를 살펴보았다. 특히, 스타트업 군에서는 최근 가파른 성장세를 보이고 있으며, 회사에 대한 구성원의 만족도 수준이 과거보다 최근 1~2년 이내에 긍정적으로 변화한 회사를 선정했다. 좀 더 자세한 이야기를 듣기 위해 총 3명의 담당자와 이야기를 나누었는데, 디지털 마케팅 기업(A), 패션브랜드 기업(B), 대행사(C)에 각각 소속되어 있다. 독자의 이해를 돕기 위해 가상의 인터뷰 방식으로 조직에 대한 소개와 함께 조직문화 상세 아이템들을 설명하고자 한다.

Interviewee

A	디지털 마케팅 기업 담당자
B	패션브랜드 기업 담당자
C	대행사 기업 담당자

Q 본인 회사와 조직구성을 설명해 주신다면?

A 저희 회사는 디지털 마케팅을 업으로 하는 회사로 창립한 지는 7년여 정도 되었고, 전체 구성원 인원은 50여 명 정도 됩니다. 구성원 연령대와 성비는 20대 여성이 압도적으로 많은 편입니다.

B 저희는 패션브랜드 기업으로 회사가 설립된 지는 6년 정도 되었습니다. 전체 구성원은 200여 명 정도이고, 평균 연령대는 32세입니다. 아무래도 패션브랜드의 대상이 여성이다 보니 구성원도 상대적으로 여성의 비율이 높습니다.

C 대행사 기업으로 창립된 지는 3년이 지났습니다. 50여 명의 인원으로 유지되고 있고, 연령대는 낮은 편이며 그 외에는 특이한 점은 없는 것 같네요.

Q 미션, 비전, 핵심 가치를 소개한다면?

A '세상을 즐겁게 만들자'라는 미션을 토대로 소통, 몰입, 재미 등의 핵심 가치를 갖고 있습니다.

B 저희는 명확한 미션과 비전을 갖는 것을 지양하고 있어요.

오히려 이것이 한계를 만든다고 생각하거든요. 대신, 업무에 있어 가이드라인을 주기 위해 핵심 가치는 Relationship, Enterprise, Creativity 3가지로 구분됩니다.

C Full Funnel Marketing Service를 토대로 전문성, 능동적 경험, 성실, 인성, 배려를 핵심 가치로 설정하고 있습니다.

Q MVC 수립 단계에서 우리 회사만의 특이점이 있었다면?

A 우선 대표님의 생각이 자연스럽게 구성원의 입에서 나올 수 있도록 커뮤니케이션하는 데 집중했습니다. 사실 조직의 방향성은 곧 대표님의 비전과 같다고 생각했기 때문에 이것을 자연스럽게 구성원으로서도 이해하고 받아들일 수 있도록 구성원과 1 on 1을 굉장히 많이 진행했습니다.

B 저희는 회사의 규모가 상대적으로 있는 편이라 1 on 1을 일부 임원진만 진행했습니다. 대신 구성원 레벨은 SME(Subject Matter Expert)를 선정하여 설문을 진행했고 수립된 내용은 전체 구성원에게 전사적으로 공표했습니다.

C 창립 초기에 세팅했었고 조직 전체 구성원 대상의 워크숍을 진행했어요. 아무래도 조직의 규모가 작은 편이라 전체 인원을 모

두 한 자리에 모아서 의견을 듣는 자리를 가질 수 있었던 것 같고, 그래서 조율된 의견들을 정리하는데도 큰 어려움이 있지는 않았습니다.

Q 조직에서 정기적인 조직진단을 진행하고 있는지?

A 총 20개 문항으로 반기마다 진행 중입니다. 문항의 80% 정도는 고정적으로 가져가고 있으며, 나머지 문항은 시의성에 맞게 변화를 주고 있습니다. 예민한 이슈일지라도 반복해서 나타나면 조직진단 문항에 아예 박아서 조사를 진행합니다. 문제를 회피하지 않고 함께 해결하고자 하는 의지를 진단에서도 어필하고 실제로도 그렇게 업무를 진행하는 편입니다. 자랑이긴 하지만 회사에 만족하고 있냐는 문항에서 19년도에는 긍정이 30% 정도였으나, 22년에는 99%까지 상승했습니다.

B 저희는 조직몰입과 관련된 문항을 20개 정도 세팅하여 연 1회 진행하고 있습니다. 결과 분석 단계에서 변화도를 주로 보는 편이고, 특히나 주관의견에서 나온 이야기들은 워드 클라우딩 형태로 분석하여 전사 구성원과 공유하고 향후 팔로우업 계획에 대해 전달하고 있습니다.

C '에너지버스 서베이'라는 이름으로 연 1회 진행합니다. 총 40개 문항으로 업무몰입과 함께, 조직에서 이탈할 계획이 있는지를 확인하는 문항도 있습니다. 척도를 긍정과 부정 2가지로만 단순하게 세팅했고, 대신 모든 문항에서 선택사항이긴 하나 주관의견을 작성

할 수 있도록 구성했습니다. 이슈 대부분은 주관의견에서 확인된다고 보면 이해가 쉬울 것 같네요. 저희도 조직에서 이탈할 계획이 있냐는 문항에 단 1명의 구성원만 의견을 표하여 굉장히 고무적인 변화를 느끼고 있습니다.

Q HR(인사) 제도에 적용되고 있는 조직문화 측면의 아이템이 있다면?

A 우리 조직문화에 맞는 평가 제도를 들 수 있을 것 같습니다. 특히나 OKR 제도를 활용하고 있는데, 크게 범위를 벗어나지 않는 선에서 구성원의 자유로운 표현을 권장하는 편입니다. 이전에 저희 전사 목표는 '짱이 되자'였을 정도이니깐요. 이상하다고 느끼시는 담당자도 있겠지만, 내부 구성원은 모두 '우리 회사라서 설정할 수 있는 조직의 목표'라고 생각했습니다. 평가 프로세스에서도 MVC에 맞추어 세팅된 척도와 기준으로 모두 커뮤니케이션합니다. 최우수 레벨은 '우리 회사의 MVC의 롤모델로서 더할 나위 없어야 한다'라는 정도로 설정되어 있습니다. 구성원이 가장 민감하게 생각하는 평가 제도에서 우리 조직의 문화를 명확하게 설명하고 있죠.

B 연 1회 리더십 다면 진단을 진행하여 평가 자료로 활용하고 있습니다. 현재는 참고 자료로만 활용되고 있지만 내년부터는 실제 평가에서 다면 진단의 결과가 반영될 수 있는 기준을 세팅할 계획입니다. 리더십 다면 진단은 평가 고도화의 목적으로 진행되는 것인 만큼 회사의 기본적인 MVC와 매칭하여 고도화를 진행할 생각입니다.

C 저희는 인사 제도 중 '비타민 보너스'라는 성과급을 도입했습니다. 팀장 레벨에서 본인의 팀에 MVC 모델에 부합하는 구성원에게 소정의 보너스를 지급할 수 있는 제도입니다. 처음에는 팀장 레벨에서 개인적인 친분을 위주로 선정하지 않을까 하는 걱정도 있었지만, 대상자 선정 시에 철저하게 회사의 미션, 비전, 핵심 가치 기반으로 평가할 수 있도록 기준을 수립해 두었기 때문에 굉장히 효과적으로 작동되고 있는 제도 중의 하나입니다.

Q 조직 활성화 차원의 아이템을 소개해 주신다면?

A 저희는 신규입사자분들에게 굉장히 진심인 회사입니다. 조직의 규모가 그렇게 크지 않아서, 회사 홈페이지에 구성원 개개인의 프로필도 모두 올라와 있는 상태에요. 그래서 신규입사자와 기존 구성원의 조화도 무시할 수 없는 부분이죠. 입사 당일 저희는 신규입사자 이름의 Boarding Ticket과 여권을 제작하여 전달해 드립니다. 우리 회사에 잘 안착하길 바란다는 의미에서요. 온보딩 프로세스 단계별로 여권에 스탬프를 찍어드리는데, 프로세스가 완료될 때마다 담당자가 직접 도장을 찍어 주죠. 아무것도 아닌 것 같지만 이러한 행위로 기존 구성원과 신규입사자가 자연스럽게 이야기를 나눌 수 있고, 동시에 신규입사자에게는 많은 동기부여를 줄 수 있다는 장점이 있습니다.

B 조직 내 커뮤니케이션 이슈는 모든 회사에 있을 텐데요. 비대면 근무체계가 활성화되면서 소통이 부족하다는 이야기가 많았습

니다. 소통을 할 수 있는 자리를 직접 만들어서 이야기를 나누는 게 좋을까 하는 생각도 했지만, 아무래도 조직에서 자체적으로 자연스럽게 소통의 기회를 만드는 것이 효과적이라고 느꼈습니다. 그래서 저희는 파격적으로 리더의 법인카드 규정 중 '타 부문과의 소모임에 있어서는 인당 월 00만 원 이상을 활용할 수 있다'는 내용을 추가했죠. 실제로, 해당 규정을 오픈한 이후에 저희가 기대했던 것보다 훨씬 많은 리더님이 구성원과의 자리를 소규모로 가지게 되었고, 구성원의 소통 이슈도 동시에 줄어들었어요. 꼭 조직문화라고 해서 관련 팀이 직접적으로 행동할 필요는 없는 것 같아요. 아주 단순하게 제도만 약간 변경하더라도 효과를 나타낼 수 있으니 여러 차원에서 고민하는 것을 추천해 드립니다.

C 칭찬 Passport 제도를 운영하고 있습니다. 구성원 개인별로 여권을 만들어 공용 공간에 두고, 감사했던 일이 있으면 스탬프와 함께 메시지를 작성할 수 있도록 컨셉을 구상했어요. 월별로 가장 많은 메시지를 받은 사람에게는 복지 포인트로 전환하여 활용할 수 있도록 했고요. 칭찬에 어색해하던 구성원도 글로 작성하는 것은 자연스럽게 느끼시더라고요. 생각보다 많은 사람이 참여해 주셔서 매년 진행하고 있는 아이템입니다. 조직문화 차원에서 좋은 사례는 별도의 이미지 (웹툰) 형식으로 만들어서 배포도 하고 있어 대상자에게 조직에서 업무로서 성과를 인정받고 동기부여 받을 수 있도록 동시에 진행 중입니다.

A 소통이 어려운 타 부서 구성원과의 점심시간을 연결해 주는 '우리 지금 맛나'라는 채널도 운영 중입니다. 소규모 기업임에도 소

통 이슈는 늘 존재합니다. 그래서 본인의 조직을 제외한 타 부서와 커뮤니케이션 할 수 있는 채널을 만들었고, 가끔은 MBTI 별로 짝을 지어 자연스럽게 이야기를 시작할 수 있도록 운영할 때도 있죠. 그리고 해커톤 형식의 '아이디어 뱅크 프로젝트'를 진행 중입니다. 반복되는 일상 업무에서 벗어나 새로운 아이디어를 함께 만들고 나누는 시간인데요. 도출된 아이디어가 회사 프로젝트에 적용되어 성과를 낸 경험도 있을 만큼 굉장히 중요한 아이템 중의 하나입니다. 언뜻 보면 일회성일 수도 있지만, 이런 활동들이 향후 정보 공유 채널 등으로 활용되면서 커뮤니케이션 이슈를 해소하는 역할을 하기도 합니다.

C '에너지 데이'라는 이름으로 이날 하루만큼은 우리 조직문화를 돌아보고 구성원과 소통할 수 있는 자리를 만들고 있습니다. 사실 최초에는 체육대회 같은 형태를 생각하고 컨셉을 구상했지만, 최근에는 소통 이슈를 해소하기 위해 그룹별 워크숍 등의 모습으로 변화하고 있습니다.

Q 파워풀한 조직문화를 위한 가장 중요한 요소는?

A 구성원의 참여라고 생각합니다. 사실, 가장 어려운 것 중의 하나인데 저희는 Evangelist를 적극적으로 활용했어요. 일반적으로 팀별 혹은 부문별로 조직문화 활동에 적극적으로 참여할 수 있거나 일정 평가 기준 이상의 구성원을 선정할 텐데 저희는 반대로 생각했습니다. 오히려 조직문화에 관심이 없거나 심지어 우호적이지 않

은 구성원을 위주로 선정하자고요. 이들을 변화시키는 게 가장 어렵겠지만, 다시 생각하면 오히려 비우호적인 구성원을 변화시키면 다른 일반 구성원은 자연스럽게 따라올 것으로 판단했습니다. 선정 후에는 Evangelist들을 적극적으로 조직문화 활동에 참여시켰어요. 앞으로 우리가 조직 활성화 아이템을 할 텐데 조금 더 효과적으로 하려면 어떤 방법이 좋겠냐, 이번에 인사 제도를 안내해야 하는데 어떤 것이 가장 걱정이냐 등에 대해 이야기하기 시작했습니다. 실제로 처음에는 소극적이고 관심 없어 하던 사람들이, 반복적으로 의견을 여쭤보고 중요한 역할을 해야 한다는 메시지를 전달하니 이제는 저희 조직문화팀에 가장 우호적인 서포터로 변했습니다. 구성원 참여를 높이고자 한다면, 오히려 정면으로 부딪쳐 반복적으로 커뮤니케이션하는 것을 추천해 드립니다.

B 저희 회사는 일반적인 기업에 비해 HRBP(Human Resource Business Partner) 인원이 조금 많은 편입니다. 구성원 수는 200여 명 정도인데 HRBP 역할을 하는 인원만 5명 이상이죠. 실제 HR 업무만 담당하는 인원이 5명이어도 이상하지 않은데요. HRBP의 주요 목적은 모든 이슈를 발생하면 해결하는 것이 아닌 이슈를 사전에 예방하고 해소하는 것입니다. 업무 시간의 80% 이상을 구성원과의 면담 또는 커뮤니케이션에 소모하고 있긴 하지만, 이러한 방식이 현재의 안정적인 조직문화를 형성하는 데 주요한 요인 중의 하나였던 것 같습니다.

C 조직문화 활성화를 위해 매년 Evangelist를 '프로 참견러'라는 이름으로 선정하고 있습니다. 특정인을 지명하지는 않고 자율적

으로 선정하고 있으며 별도의 혜택은 없습니다. 대신 프로 참견러들이 전달해 주신 의견은 대부분 적용될 수 있도록 운영하고 있습니다. 그래서인지 선정된 사람들 전원이 상당한 책임감을 느끼고 있을 뿐만 아니라 조직 전체 차원에서 효과적으로 조직문화가 형성될 수 있는 실질적인 아이디어도 제공해 주고 있습니다. 실제 타운홀 미팅은 정보 공유성이 짙은 자리였는데 프로 참견러들의 의견으로 구성원이 적극적으로 참여하는 형태로 변모하고 있습니다. 이처럼 조직문화 활성화 차원에서는 구성원의 의견 청취와 소통이 가장 중요하다고 생각합니다.

스타트업 3사의 접근방식

A사는 한 마디로 우리 조직만의 '고유한' 문화를 만들기 위해 아주 큰 노력을 하고 있다. 일반적인 조직문화 프로젝트 또는 아이템이라고 할지라도 그들의 언어와 표현 등이 듬뿍 담길 수 있도록 터치하는 것에 진심이었다. 또한 소규모 기업의 특수성을 십분 활용하여 다양한 그룹의 형태로 구성원 간 소통을 위해 힘쓰는 점이 인상적이었다.

- 조직에서 조직문화의 중요성을 충분히 인지하고 있고, 이를 개선하고자 하는 의지가 강하다면 A사의 아이템들을 활용해 보는 것을 추천한다.

B사는 조직의 인사 제도를 기반으로 조직문화를 규범화하는 작업에 집중하고 있다. 특히 MVC를 기반으로 설계된 조직진단과 리더십 다면 진단을 적극적으로 활용하고 있는 모습에서 이러한 모습을 찾을 수 있었다. 또한 HRBP 포지션을 설정하고, 이들이 MVC 기반으로 사내 각 조직과 전략적 파트너십 관계를 맺으면서 조직에 자연스럽게 조직문화가 정착되고 발현될 수 있게끔 하였다.

- 조직에서 조직문화를 담당하는 팀의 역할과 포지션에 대한 이해도가 낮다면, B사의 접근방식을 추천한다. 해당 업무를 담당하는 팀·담당자의 역할을 리더부터 구성원까지 전사에 명확하게 인지시키면서 지속적으로 관련 프로젝트를 실행할 수 있는 스폰서쉽을 구축할 수 있다.

C사는 업무 담당자의 업무 방향성이 명확했는데, 그것은 조직 내 '조직몰입도'를 높이고 '긍정에너지'를 발산시키는 것이었다. 이러한 방향성에 대한 이유를 들어보니, 결과적으로 이러한 방향성은 C사의 CEO가 생각하는 조직문화의 궁극적인 목표였다. 따라서 대부분의 활동과 솔루션들이 구성원에게 긍정 경험을 강화하고 상호 감사하는 분위기를 형성할 수 있는 것에 집중되었다.

- 조직개발 또는 조직문화 업무는 조직의 수장인 CEO의 생각과 방향성을 구성원에게 전달하는 일이라고도 설명할 수 있을 것이다. 따라서 C사와 같이 최고 경영진 레벨이 추구하는 조직문화의 방향성이 분명하다면 해당 기업과 같은 솔루션들을 차용할 수 있을 것이라 판단된다.

스타트업 조직문화 활동의 Key '커뮤니케이션'

실제 현업에서 활용되고 있는 아이템과 조직문화 담당자들의 이야기에서 공통으로 느낀 것이 있을 것이다. 바로 '커뮤니케이션'이다. 조직 구성원의 숫자가 작아서 소통이 잘되지 않을까? 라고 생각한다면 오산이다. 상대적으로 조직의 규모가 작은 기업이라 할지라도 모든 프로세스에서 긴밀하게 구성원과 소통하고 있었다. 앞에서 언급했던 것처럼 조직 내 소통은 특정 기업의 이슈가 아닌 대부분의 일반적인 조직에서 확인되고 있다.

소통의 대상이 대표이사, 주요 이해관계자, 비우호적인 구성원 등으로 약간씩은 다를 수 있을지라도 모든 과정과 프로세스에서 소통은 핵심으로 인식되고 있었다. 특히 변화가 많고 조직 구성원의 특성이 도드라지는 스타트업에서는 이러한 커뮤니케이션을 첫 번째 아이템으로 삼아 조직문화 아이템을 설정하는 것도 하나의 방법이 될 수 있다.

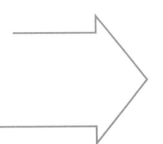

파워풀한
조직문화를 위한 TIP
대기업

파워풀한 조직문화를 만들고 있는
대기업

파워풀한 조직문화를 가진 기업 중 이번에는 대기업의 사례를 살펴보고자 한다. 대기업도 되도록 산업군이 겹치지 않도록 다양한 업계에 속한 기업을 선정하도록 노력하였고, 특히 최근에 조직문화를 위해 다양한 시도를 하는 기업을 만났다. 인터뷰 대상자는 선정된 기업의 조직문화 담당자를 대상으로 하였으며, 조직문화 아이템들은 시의성을 고려하여 최근 3~5년 이내에 시도하였거나 기획하였던 것을 위주로 이야기를 나누었다. 이번에도 독자의 이해를 돕기 위해 가상의 인터뷰 방식으로 조직에 대한 소개와 상세 아이템을 소개하고자 한다.

Interviewee

가 제조업 조직문화 담당자

나 식품 기업 담당자

다 유통업 담당자

Q 본인 회사와 조직구성을 설명해 주신다면?

가 저희는 70여 년이 넘은 기업으로 가전, 정보통신, 관련 핵심 부품 등을 제조하여 판매하는 기업입니다. 현재 구성원 수는 3만 명 이상이며 연령대와 성비는 부문별로 큰 차이가 있어 상세히 설명해 드리기가 조금 어려울 것 같네요. 전통이 있는 기업인 만큼 오래전 부터 조직문화와 관련된 다양한 솔루션을 진행하고 있습니다.

나 종합 식품 기업으로서 저희 회사도 곧 70주년을 앞두고 있습니다. 건설과 소재 등 다양한 사업을 진행하고 관련 계열사가 있지만 주력 사업은 식품입니다. 전체 인원은 5천여 명 정도로, 성비는 남녀가 유사하여 큰 차이가 없습니다. 연령대 역시 일반적인 대기업과 비슷하다고 보면 되겠습니다. 현재도 꾸준히 조직문화 개선을 위해 노력하는 중입니다.

다 저희는 유통기업으로서 앞의 두 기업보다는 상대적으로 업력이 짧은 편입니다. 창립된 지는 30여 년 정도가 흘렀습니다. 전체 임직원 수는 2만여 명 정도이며 사무직과 현장 구성원을 포함한 숫자이며 유통 쪽에서는 꽤 구성원의 수가 많은 편이라고 할 수 있습니다. 코로나 사태로 시장에 변화가 많아지면서, 조직 내에서도 조직 성과를 창출할 수 있는 조직문화를 형성하기 위해 노력하는 중입니다.

Q 미션, 비전, 핵심 가치를 소개한다면?

가 저희 회사의 미션은 일등 기업이며, 비전은 시장에서 인정받으며 시장을 리드하는 선도기업이 되는 것을 의미합니다. 최근에 조직문화 변화를 위해서 8가지의 핵심 가치를 재정립하였는데, 핵심 가치는 '소통, 민첩, 도전, 즐거움, 신뢰, 고객, 미래 준비, 치열'입니다. 이를 실행하기 위한 Reinvent라는 가이드도 마련하여 최근에 선포하였습니다.

나 저희도 최근에 새로운 통합 가치 체계를 수립했습니다. 미션은 사람과 자연 모두가 건강한 세상으로 정하였으며, 행동 방식은 가능성과 다양성 존중, 그리고 창의성과 도전 존중입니다. 이외에도 창업 초기부터 저희 기업의 근간으로 삼았던 경영이념이 있는데, '인간 존중, 고객 존중, 미래 존중' 3가지로 구분하고 있습니다.

다 비전은 풍요로운 가치를 창조하는 기업으로 고객에게 행복한 라이프 스타일을 만드는 동시에 지역사회와 함께 발전하는 국민기업으로 정립되었습니다. 미션 보다는 저희는 철학이라는 말을 쓰고 있는데 '고객 마인드, 브랜드 차별화, 디자인 씽킹' 3가지의 철학을 갖고 있습니다. 또한, 10가지의 일하는 방식을 세팅하여 저희 기업의 구성원이라면 모든 일을 판단하고 행동할 때의 기준으로 활용할 수 있도록 세팅하였습니다.

Q 조직에서 정기적인 조직진단을 진행하고 있는지?

가 네, 저희는 ~way라는 이름으로 꽤 오래전부터 정기적으로 조직진단을 진행하고 있습니다. 조직진단의 문항은 20개 내외로서 미션 달성을 위한 기본적인 핵심 가치를 위주로 세팅되어 있습니다. 결과 분석 시에는 부문별로 수치를 비교하는 것과 동시에 과거에 비해 현재 수치는 얼마나 변화가 있는지를 중점으로 살펴보고 있습니다. 구성원들이 해당 진단의 목적과 의미를 충분히 알기 때문에 정기적으로 시행하는 데는 큰 이슈는 없는 편입니다. 또한, 진단의 결과는 전사적으로 공유하고 부문별 담당팀이 1년 동안 팔로우업하며 개선 활동을 위한 노력을 하고 있습니다.

나 저희는 조직진단과 다면 진단을 모두 진행하고 있고 매년 1월 전사 리더를 대상으로 다면 진단에 조금 더 집중하여 운영 중입니다. 핵심 가치를 행동으로 잘 발현하고 있는지, 조직 구성원의 이탈 또는 성장을 위해 지원하고 있는지 등을 확인하고 있습니다. 실제로 결과를 개인 평가에 반영하고 있어서 저희 회사에서는 굉장히 강력한 제도로 자리 잡고 있습니다.

다 전사적인 조직진단은 진행하고 있지 않습니다. 다만, 리더십 부문에 있어서는 다면 진단을 약 2년여 전부터 시행하고 있습니다. 최근에 세팅된 일하는 방식에 따라 30여 개 문항으로 세팅되어 있으며, 연 1~2회 정도 운영 중입니다. 개인별 리더십의 변화를 측정하여 실제 조직에 어떠한 영향을 끼치고 있는지를 위주로 살펴보는 편입니다. 결과 분석 이후에는 이슈가 확인된 리더를 중점으로 코칭 프로그램을 지원하고 있습니다.

Q 조직 활성화 차원의 아이템을 소개해 주신다면?

가 성장과 변화를 위한 혁신을 위해 자유로운 소통의 상징으로 '살롱' 문화를 도입했습니다. R&D 캠퍼스를 중점으로 '살롱드 서초'라는 공간을 오픈하였는데, 광장이라는 것을 모티브로 삼아 열린 공간으로 하드웨어적인 측면에서 접근하고자 했습니다. 해당 공간에서는 TED와 같이 구성원에게 인사이트를 전달하는 특강 등을 진행하고 있으며, 새로운 아이디어를 얻을 수 있는 세미나 등을 동시에 진행하고 있습니다. 또 다른 사무실에는 경영진과의 오픈 커뮤니케이션을 위하여 소통 공간 '다락'을 오픈했고, 오픈한 지 얼마 되지 않았지만, 구성원들의 만족도가 높은 곳으로 뽑히고 있습니다. 구체적으로는 임원진과의 정기 소통을 진행하기도 하고, 사내 동아리 활동을 해당 공간에서 운영하고 합니다. 재능기부 수업 등을 진행하면서 구성원 간의 소통 네트워크를 만들 수 있도록 돕고 있습니다.

나 저희도 소통을 중점으로 다양한 아이템을 진행하고 있습니다. 그중에서도 사내 유튜브 채널을 소개해 드리고 싶은데요. 임직원 간의 솔직하고 자유로운 소통을 위해 채널을 새롭게 오픈하였습니다. 특히 사내 크리에이터를 적극적으로 양성하고 있는데, 비대면 교류 차원에서 지원하고 있으며 정식 크리에이터 교육을 지원하여 전문 역량을 키울 수 있도록 운영 중입니다. 크리에이터들이 직접 만든 콘텐츠는 사내 채널에 공유되고 있으며 특별히 주제에 대한 제한 없이 임직원 간의 소통과 공감을 끌어낼 수 있을 것이라 기대하고 있습니다. 그 외 띵뉴(띵작뉴스, Think New)라는 뉴스레터도 사내에 배포(100% 가내수공업)하고 있는데요. 힘들긴 하지만 전사원을 대상으로 하는 소통 활동 중 하나라고 보면 됩니다. 최근 이슈가 되고 있는 경영, 경제, 사회 분야의 내용, 그리고 조직문화, HR 분야와 관련된 내용을 전달하면서 구성원의 의견과 피드백을 통해 점점 더 업그레이드되고 있습니다.

나. 기업 사내 크리에이터 모집 공고

다 새롭게 일하는 방식 가이드를 수립하면서 인지와 이해 단계에 우선 집중하였습니다. 본사 구성원 전체에 대해서는 온·오프라인 교육을 진행하여 새롭게 수립된 저희의 가치와 세부 가이드 내용들을 이해하고 동시에 본인의 업무 상황에 적용하여 발전적으로 개발할 수 있는 포인트를 찾을 수 있도록 도왔습니다. 스마트한 업무 프로세스를 구축하고자 다양한 스마트 업무 툴과 함께 사내 프로그램을 개발하고 있습니다.

Q 이외에도 소소한 조직 활성화 아이템을 소개해 주신다면?

가 최근에는 사내 벤처 프로그램 '어드벤처'를 진행하고 있습니다. 전사 구성원을 대상으로 신사업을 비롯하여 제품과 서비스 관련 다양한 아이디어를 공모하는 장을 의미합니다. 일정 기간의 공모 기간을 오픈한 이후 약 2개월간의 서류 심사와 심층 인터뷰를 거쳐 총 5개 팀을 선정하여, 최종적으로는 연말 임직원 투표와 온라인 공개 오디션을 진행합니다. 실제 구성원의 아이디어가 사업화되는 모습을 지켜볼 수 있어서 많은 구성원이 흥미가 있으며, 또한 구성원의 의견을 존중하고 동시에 성장을 지원한다는 의미도 있습니다. 수상한 팀을 위해서는 자율적인 근무와 함께, 별도 사무공간, 과제 진행을 위한 지원금, 회사가 보유한 다양한 기술과 네트워크, 그리고 외부 전문가의 컨설팅 등을 지원하고 있습니다. 결과적으로 이를 통해 새로운 고객가치를 발굴하고 도전하는 조직문화가 더욱 확산할 것으로 생각합니다.

나 코로나로 비대면 근무환경에서 사내 커뮤니케이션 활성화를 위한 방안을 몇 가지 고안했어요. 주류가 되는 MZ세대 구성원이 또래와 편안하게 터놓고 얘기할 수 있는 공간을 만들었습니다. 사내에 익명 게시판, 칭찬 릴레이, 사내 동호회 등이 있긴 하지만 MZ만의 공간이 없었거든요. 처음에는 내부적으로도 굳이 MZ만을 위한 것을 만들어서 세대를 구분할 필요가 있냐고 했지만, 대상자들에게 니즈 조사하면서 컨셉을 구체화해 메타버스 기반의 플랫폼을 설계했어요. 자발적인 신청을 통해 참여자를 뽑았고 각종 취미 활동을 하는 온오프라인 모임을 병행하고 있어요. 해당 플랫폼을 통해 이벤트, 미팅, 소모임, 멘토링 등으로 확장해 보려고 합니다.

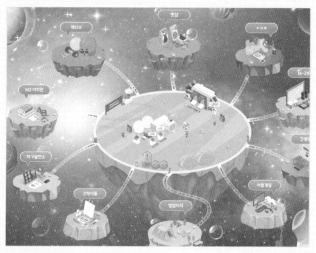

다 저희 회사는 구성원들의 긍정 경험 강화를 위하여 칭찬 메시지를 자동으로 작성하고 간편하게 전달할 수 있는 칭찬 시스템을 개발하였습니다. 처음에는 단순히 비대면 근무 상황에서 조직 활성화 차원으로 시작하였으나, 점차 새로운 일하는 방식을 구성원에게 전파하고 이해하는 단계로 활용하고 있습니다. 예를 들어 일하는 방식 첫 번째에 해당하는 이미지를 제작하여 해당 월은 첫 번째 이미지를 활용해서만 칭찬 메시지를 작성할 수 있도록 시스템화하였습니다. 이를 통해 많은 구성원의 숫자임에도 새롭게 정립한 일하는 방식에 대한 인지도와 함께 이해도까지 높일 수 있었던 아이템이지 않았나 싶습니다.

Q 대기업에서 파워풀한 조직문화를 만들기 위한 포인트가 있다면?

가 아무래도 조직의 규모가 크다 보니 메시지 하나도 여러 가지 의미로 해석될 수 있습니다. 또한 대외적으로 표현되는 메시지까지 신경을 써야 하니 신중할 수밖에 없고요. 업무의 방향성도 중요하지만 동시에 커뮤니케이션 메시지도 굉장히 중요한 요소임을 유념하였으면 좋겠습니다. 다른 회사가 했다고 해서 우리 회사에 꼭 맞을 거란 보장은 없습니다. 본인의 회사는 담당자인 본인이 가장 잘 알고 있으니 우리 조직문화에 맞는 방향성을 설정하는 것을 진심으로 추천합니다.

나 조직문화 아이템에 있어 조직진단은 가장 필수면서도 어려운 것임이 틀림없습니다. 굉장히 다양한 요소들이 반영되어야 해서 외부 컨설팅을 통해서 진행하는 경우도 많고요. 하지만 한 가지 말씀드리고 싶은 것은 '진단을 위한 진단을 해서는 안 된다'라는 것입니다. 가끔 좋은 모델이라고 해서, 좋은 문항이라고 해서 우리 조직에도 활용해야겠다고 단순하게 생각하는 경우를 종종 보았습니다. 앞의 담당자님 말씀처럼, 진단도 역시 우리 조직에 맞는 또한 현재 우리의 현상에 맞는 기준으로 세팅하길 바랍니다.

다 규모가 큰 조직에서 일반 구성원이 체감할 수 있는 조직문화로 변화하려면 아주 큰 노력이 필요합니다. 단순한 제도라고 할지라도 여러 의사결정 단계와 프로세스를 거쳐야 하며, 무엇보다 적용될 대상자의 상황을 모두 고려해야 하기 때문이죠. 따라서 다소 규모가 작은 기업보다는 조직문화 활성화를 위한 아이템이 곧바로 효과가 나타나지 않을 수도 있습니다. 하지만 제대로 셋업이 된다면 굉장히 강력하게 적용될 수 있기에 인내심을 가지고 변화를 추진하길 바랍니다.

대기업 3사의 접근방식, 같으면서도 다르게

대기업들도 조직문화 활동에 진심으로 임하고 있으며, 조직 변화를 위해 다양한 활동을 하고 있다는 것을 사례를 통해 확인할 수 있었을 것이다. 대기업은 소규모 기업보다 상대적으로 덩치(?)가 크고 업력이 오래되었기 때문에 신속하고 발 빠르게 움직이기에는 쉽지 않다는 단점을 가지고 있다. 그런데도 3개 기업 모두 파워풀한 조직문화를 만들기 위해 다양한 시도를 하고 있다는 것을 확인할 수 있었고, 그만큼 조직문화가 얼마나 중요한 요소인지 다시금 이해할 수 있었을 것이다.

대기업은 오랜 세월을 거치면서 그들만의 고유하면서도 특이한 조직문화를 가지고 있다. 겉으로 보기에 대기업은 모두 딱딱하고 위계질서가 있는 보수적인 조직문화라고 할 수도 있다. 하지만 이러한 보수적인 조직문화도 레벨이 있고 특성이 있다. 상대적으로 스타트업은 비슷한 규모와 특성을 가진 조직에서 성공한 아이템을 유사한 방식으로 적용하고 수정하여 발전할 수 있지만, 대기업은 오히려 다른 기업의 방식을 차용하게 되면 어려움에 봉착할 수 있다.

따라서 규모가 큰 기업일수록 조직문화와 관련된 아이템을 구상하고자 할 때, 우리 조직에 적합한가 또는 우리 회사의 상황에 현재 적용할 수 있을까를 가장 먼저 고려하여야 한다. 무엇보다 커스터마이징이 가장 중요하다고 할 수 있는데, 이를 가장 효과적으로 적용할 수 있는 방법은 우리 회사의 조직과 구성원의 특성을 정확하게 파악하고 있어야 하는 것이다. 스타트업처럼 조직문화 활동 또는 아이템 등의 아웃풋이 빠르게 나타나는 것은 쉽지 않다. 즉, 조직의 변화가 작은 규모의 기업보다는 상대적으로 느리다는 점을 인지하고 장기적인 관점에서 접근해야 한다.

- 기업의 연혁이 길고 조직에 고유한 조직문화를 가진 경우 조직의 모습을 변화시키기란 쉽지 않다. 스타트업처럼 솔루션을 벤치마킹하는 것보다는 우리 조직, 우리의 문화에서만 할 수 있는 접근방식을 찾고 적용하는 것이 효과적이라 할 수 있다.

현실과 꿈
그 중간 어디를 찾아서

해당 챕터의 제목을 '바로 써먹는 조직문화 실무 꿀팁'이라고 이름을 붙이고 현업에서 적용할 수 있는 기본적인 내용들을 설명했지만 역설적으로 그대로 적용할 수 없는 경우가 많다. 문화라는 것은 추상적이고 동시에 주관적인 개념인지라 사람에 따라 느끼고 체화하는 바가 다를 수 있다.

또한 조직문화 업무의 성과 지표를 무엇으로 볼 것인지에 대해 챌린지를 하는 사람들도 많은데, 이 부분에서는 그 누구도 명확한 해답을 줄 수 없는 것이 사실이다. 지표를 조직의 성과 달성이라고 할지라도 조직문화가 성과 달성에 얼마나 많은 영향을 주었는지를 수치화하는 것은 불가능에 가깝다. 그래서 일부 경영진 또는 구성원의 경우 조직문화의 중요성을 인지하지 못하거나 심하게는 무시하는 발언을 하는 경우도 보았다.

관련 업무를 담당하는 사람들과 이야기를 나누다 보면, 이러한 인식 차이 때문에 어려움을 겪거나 고생했던 경험이 있다고 한다. 예를 들어 MVC를 수립할 때 마지막 핵심 가치까지 모두 구성원의 의견을 취합하고 분석하여 정립하였는데, C 레벨 보고 시 모든 내용이 틀어지면서 처음부터 작업해서 기대했던 것과는 다른 구조가 나왔다거나 혹은 조직진단 프로젝트 진행 중 설문 문항(측정 도구)에서 의사결정자 간의 의견이 상이하여 3개월 동안 준비한 조직진단을 아예 진행조차 못했다든지 말이다.

결론적으로 현업에서의 이러한 어려움은 언제든지 마주칠 수 있다. 조직문화는 1+1=2처럼 딱 떨어지는 공식이 아니라서 항상 그 방법과 결과물에 대해 의심하는 사람들이 있다. 따라서 앞서 예시로 든 상황에 익숙해질 필요가 있으며, 어떤 딴지(?)나 의심을 받더라도 당황하지 않고 업무를 해나가는 힘이 필요하다.

또한 큰 그림을 그리면서도 현실적으로 우리 조직에서 적용할 수 있는 또는 현재 시점에서 작동할 수 있는 솔루션을 적절히 기획하고 적용할 수 있는 역량이 필요하다. 왜 책에서처럼, 다른 회사처럼, 일반적으로 하는 것들을 그대로 적용할 수 없는지 힘들어하거나 좌절하지 말자. 정답이 없는 곳에서 또 다른 정답을 찾아나가는 방법이라 생각하며 차곡차곡 나만의 방법을 하나씩 만들어 가보자.

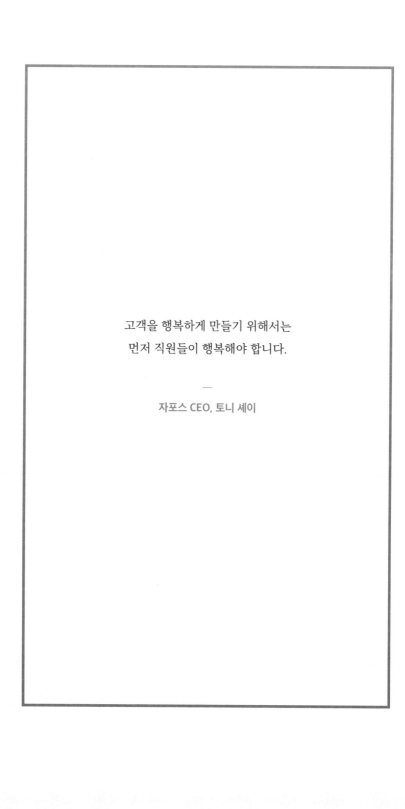

고객을 행복하게 만들기 위해서는
먼저 직원들이 행복해야 합니다.

—

자포스 CEO, 토니 셰이

성공적인 조직문화를 위한 +α

구성원이 경험하면
조직문화는 비로소
숨을 쉰다

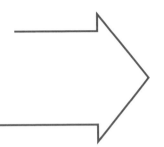

▌경험의
▌과정

학창 시절 주변에 공부를 잘하는 친구들은 저마다 자신의 공부 방법이 있었다. 요즘은 유명 학원 선생님이나 인강 선생님이 알려 주는 공부하는 방법, 혹은 수능 만점자들이 알려 주는 공부 방법 등이 유튜브 영상 등을 통해 쉽게 확인할 수 있는 시대이기에 다른 사람의 노하우를 쉽게 자기 것으로 만들 수도 있지만, 인터넷이 발달하지 않은 그 시절 아날로그 공부법에는 나름대로 감성들이 녹아들어 있었던 것 같다.

문과생은 지긋지긋해 할 수도 있는 원소기호를 외우는 방법이라 던가, 근의공식 같은 기본적인 것들도 잘 외워지지 않을 때는 무작정 정공법으로 달달 외우는 것보다는, 자기만의 규칙을 만들어 놓고 그 방식대로 했을 때 더 쉽게 자신의 지식으로 만들 수 있었다.

우리는 살아오면서 많은 경험을 하게 된다. 실제로 모든 삶의 순간순간이 경험되고 있다. 그 경험이 긍정적이든 부정적이든 모두 우리 몸과 우리 뇌세포 안에 어떤 형태로든 자리 잡게 된다. 인지심리학 측면에서 보면 우리 인간은 일반적으로 경험을 통해 기억이라는 인지 활동을 하게 되고, 그 기억이 한 사람의 행동으로 이어지기까지 아주 핵심적인 역할을 하게 된다. 종종 우리의 뇌가 그 경험을 기억으로 옮기는 과정에서 여러 가지 환경적인 요인들로 인해 전체가 아닌 일부의 정보만으로 실제 경험과 다른 인지부조화 현상이 일어나기도 하지만, 분명한 것은 인간의 경험은 모든 행동의 첫 시작점이 된다.

이렇듯 기업에서도 구성원의 경험은 해당 기업이 현재에 머무르지 않고, 앞으로 나아가게 하는 원동력이 되는 것이다.

▍직원 경험(EX)의 세계로

HR에서 직원 경험(Employee eXperience)은 최근 코로나 팬데믹 상황과 맞물려 아주 트렌디한 주제가 되었다.

직원 경험은 해당 회사의 직원 한 사람이 회사와 관계를 맺는 모든 과정에서 생기는 경험을 조직 차원에서 전략적으로 관리하는 것을 의미한다. 즉 회사로서는 채용을 기획하는 그 순간부터, 직원으로서는 취업 정보를 검색하는 그 순간부터가 될 것이고, 그 시점부터 퇴직하기까지, 퇴직 이후의 관계까지를 염두에 두고 이를 유지하기 위한 전략이다. 직원 경험은 직원이 근무하는 동안 겪었던 모든 사건, 사고, 감정 등을 포괄하는 것이며, 그것이 직접적이든 간접적이든 모든 것들이 직원 경험으로 축적되어 나타난다. 직원 경험과 유사한 개념으로 글로벌 기업 등에서는 이미 journey map 등과 같은 형태로 구성원이 회사에 입사하고 나서의 과정들을 로드맵으로 그려서 그들에게 비전을 제시하고, 성장 과정의 명확한 방향성을 제시하곤 하였다.

전통적으로 HR 부서의 역할이 경영진의 전략적 파트너로서 해당 기업의 핵심 가치와 역량, 사업 전략 방향에 맞는 인재를 선발하고 육성 및 관리하는 것이라고 한다면, 직원 경험 또한 HR 부서의 원래의 역할을 제대로 수행할 수 있도록 하는 구체적인 개념 중 하나라고 보는 편이 나을 수도 있다.

실제로 경험이라는 용어는 비즈니스 전반에 많이 이용됐으며, 특히 마케팅 분야에서 아주 트렌디하게 사용되었던 개념 중 하나이다.

가장 잘 알려진 것이 고객 경험(Customer eXperience)이다. 비슷하게 브랜드 경험, 사용자 경험 등과 같은 비즈니스 전략이 각 기업의 차별화 포인트로 활용됐고, 지금도 매우 성공적인 요소로서 작동하고 있다. 또한 점점 초개인화 사회가 되어가는 글로벌 시장에서 개인에 관한 관심과 니즈를 기업으로서 반영하고, 이를 기업의 생존전략으로 삼아야 하는 것은 자명한 일이 되었다.

직원 경험이 중요해진 이유가 어디 한 가지만 있겠냐마는 기업으로서 직원 경험을 중요하게 생각하는 가장 근본적인 부분은 기업의 조직문화가 직원 경험과 밀접한 관계가 있기 때문일 것이다.

지난 10년간 4차 산업혁명이라고 불리던 DT(Digital Transformation) 시대와 VUCA 시대를 거치면서 더 많은 변화와 불확실성이 공존해 왔고, 최근 사회적 거리두기 등으로 인해 초개인화가 가속화되며 우리의 일터에서는 기존의 업무 방식이 아닌 새로운 업무방식과 새로운 경험적 요소들이 갑자기 들어오면서 모든 기업의 조직문화에도 큰 변화가 있었다.

다들 아는 바와 같이 그 기업의 조직문화는 해당 기업의 구성원이 실제로 일하는 일터에서 모든 것이 형성되기 때문에 직원이 경험하는 일터에서의 경험이 바로 조직문화가 된다.

그리고 이제 조직문화는 해당 기업 내에만 머물러 있지 않다. 다양한 기업의 정보와 채용정보 등을 실시간으로 알아보고 이를 통해 기업의 가치 판단을 할 수 있는 시대에 살고 있다. 잘 알려진 채용정보 플랫폼인 '잡코리아'나 '잡플래닛', '블라인드' 등을 통해 알 수 있는 해당 기업 재직자들의 실제 리뷰들이 스마트폰 터치 한 번이면 확인할 수 있다. 심지어 AI가 발전함에 따라 실시간 고객 맞춤형 기업 정보들이 알아서 '알람'과 '팝업'으로 트렌디한 정보들까지 제공하고 있다. 조금 더 디테일한 정보를 원하는 사람들을 위해서는 각종 기업에 대한 여러 가지 지표들이 자체 분석 데이터와 평점으로 함께 제공되니, 이미 일상에서 나도 모르게 대부분 기업에 대해서 간접 경험을 하고 있는지도 모르겠다.

경험의
함정

일반적으로 사람들은 본인이 경험한 것을 토대로 판단의 기준을 삼고, 그것을 토대로 의사결정을 한다. 직원 경험은 그런 의미에서 상당히 주관적이고 개인적이다.

회사에서도 대부분의 의사결정이 기존 경험을 기반으로 많이 이루어진다. "그거 예전에 다 해 봤던 거야"와 같은 말들이 대표적인 경우이며, 회사의 임원분이나 팀장님이 매번 회의 때마다 옛날의 본인 경험담을 얘기한다거나 타사 벤치마킹 사례가 없으면, 간접적 정보제공을 경험하지 못한 상태에서 의사결정의 어려움을 겪는 경우가 있다면 경험 기반의 의사결정이나 사고를 많이 하는 사람이라서 그럴 수 있다.

경험이 늘 긍정적으로 작동하는 것은 아니다. 로빈 M. 호가스(Robin M. Hogarth)가 지은 《경험의 함정(정수영 옮김, 사이, 2021)》이라는 책을 보면 '차곡차곡 쌓인 경험은 인생을 살아가고 일을 하는 데 참 중요하지만, 경험이라는 좋은 스승이 과거와 미래에 차이가 크면 클수록 무가치해질 수 있다'고 한다.

사실 경험이 많은 사람들이 범할 수 있는 오류들을 역설하며, 경험만 내세워 판단하게 되는 경우를 에둘러서 표현한 것이다. 과거의 경험에 머물러, 새로운 경험을 시도하지 않거나 접근조차 못하는 경우가 사실, 문제가 되는 것이다.

직원 경험은 불확실성이 점점 늘어나는 글로벌 시장과 최근 코로나 팬데믹 상황에서 더욱 확연하게 나타난 직원몰입의 한계와 일하는 방식의 변화 그리고 조직문화에 대한 새로운 접근법 등이 요구되면서 나타났다.

이전 조직과 공동체를 우선하는 기성세대에 비해 자기 주관과 개인의 워라밸을 중시하는 MZ세대에 맞는 HR의 역할을 고민하면서 나타난 개념이다.

기존 HR 업무가 직원과의 경쟁이나 성과관리, 보상의 차별화 등으로 동기부여를 했다면, 전통적인 HR 관점에서 확장하여 회사의 구성원을 관리해야 할 대상이 아닌 존중하고 조직의 최우선 가치로 여기는 개념으로 직원 경험은 접근해야 한다.

IBM이 발표한 직원 경험지수 보고서에 따르면 긍정적인 직원 경험을 한 상위 25%의 사람들은 하위 25%의 사람에 비해 업무 성과가 23% 더 좋았고, 직원 경험지수 상위 25% 직원 중 95%는 자기계발을 위해 노력하며, 하위 25% 직원들보다 퇴사 의사가 52% 적게 나타났다.

기업에서 직원 경험을 시도할 때 많은 제한적 요소가 있을 것이다. 그런데도 HR 부서가 직원 경험을 위해 더 큰 노력을 기울여야 하는 이유는 확실하다. 가진 재원 안에서 할 수 있는 최대한의 효과를 현명하게 적용하는 조직문화 담당자가 되어야 하겠다.

▎직원 경험을 위해

우리 회사의 더 나은 조직문화를 위해 직원 경험에 대한 필요성과 그에 대한 프로그램이나 방법들에 관한 개발과 연구가 선행되어야 한다고 당연히 생각하겠지만, 구성원이 원하는 혹은 그들에게 필요한 경험을 개개인별로 제공한다는 것이 말처럼 쉬운 일은 아니다.

실제로 여전히 많은 기업에서 그 부분에 대한 고민을 하는 중이고, 전 세계적으로 수많은 HR 컨설팅 업체나 연구기관들이 지금도 다양한 직원 경험 설계를 위한 프로젝트를 수행하고 있을 것이다.

다만 확실한 것은 직원 경험이란 개념이 고객 경험에서 나왔듯이 우리의 직원들로서 다양한 관점에서 다양한 직원들의 니즈를 반영할 수 있도록 해야 하는 것은 분명하다.

그런 의미에서 직원 생애주기(Employee Lifecycle)라는 개념은 해당 고민을 위한 하나의 좋은 접근법일 수 있다. 직원 생애주기는 직원 경험의 의미와 마찬가지로 한 직원이 해당 회사를 접하고, 퇴사 이후까지의 인생을 개념화한 것이다. 직원 경험을 실제로 회사에서 어떻게 적용할지를 고민한다면, 효과적인 방법의 하나로 직원 수명주기의 구조 속에서 구체적인 방법을 모색해 보는 것도 추천해 본다.

직원 생애주기는 기본적으로 '유인(Attraction) - 채용(Recruitment) - 온보딩(Onboarding) - 발전(Development) - 유지(Retention) - 분리(Separation)'의 6단계가 존재하는데, 단계별로 직원 경험이 어떻게 나타나는지 명확히 이해하고 구성원의 목소리를 자세히 듣고, 분석하여 해결책을 찾아내는 것이 HR에서 해야 하는 핵심 과제 중 하나가 될 것이다.

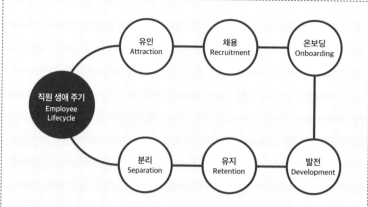

유인(Attraction)

먼저, 유인(Attraction)은 처음일 수도 있고 직원 생애주기의 마지막 연결고리로서 다음 단계로 선순환되게 하는 요소일 수도 있다.

직원들은 해당 기업에 대한 관심을 끌게 되는 요소가 다양하다. 그 회사의 평소 이미지, 브랜드, 제품 광고 등 수많은 직, 간접적인 경험들이 해당 기업으로 흥미를 갖고 유입될 수 있도록 한다.

우리가 채용 브랜드에 신경을 써야 하는 이유 중의 하나일 것이다. 평소 우리의 잠재 직원이 될 수 있는 모든 사람 즉, 우리의 고객들이 우리의 직원이 될 수 있다는 관점이 필요하다.

유인 단계에서 HR 부서에서 할 수 있는 역할은 한정적일 수 있다. 전사적 관점에서 기업브랜드 자체가 호의적이어야 하는데, 결국 기업의 조직문화가 올바르게 정착이 되고, 그것이 기업의 성과로 이어지는 장기적 관점에서 지속적으로 관심을 가져야 한다.

채용(Recruitment)

앞서 채용 프로세스에서 언급이 되었지만, 회사의 직원은 해당 기업의 채용 프로세스를 통해 가장 먼저 해당 조직을 경험하게 된다.

이력서를 쓰기 전에 들여다보는 각종 채용 플랫폼, 채용정보, 회사의 홈페이지에 나와 있는 회사의 핵심 가치와 인재상, 그리고 HR 부서에서 커뮤니케이션하는 모든 문자와 메시지들이 채용을 접할 때 직원들의 경험이 이뤄지는 순간이 되며, 전반적인 채용 프로세스 각각의 단계, 면접장의 환경, 면접관의 태도와 질문 등도 중요한 요소들이다.

당연한 말이지만, 채용에 합격한 경우도 중요하지만, 채용에 합격하지 못한 지원자들에게도 전체 채용 프로세스에서 긍정적인 경험을 제공한다면, 이들이 제공하는 면접 후기 등을 통해 해당 기업에 우수하고, fit한 인재가 더 많이 지원할 가능성은 커질 수밖에 없다.

온보딩(Onboarding)

예전에 비해 대부분 기업이 신규직원의 온보딩에 많은 신경을 쓰고 있다는 것은 고무적이다. 채용 단계에서부터 이어지는 일관된 기업의 모습과 문화를 지속적으로 제공할 필요가 있다. 신입사원 입문 과정 등을 통해 조직적이고 종합선물세트와 같은 프로세스로 많은 회사가 온보딩 과정을 진행한다.

상대적으로 규모가 크지 않은 스타트업이나 중소기업의 경우 종종 해당 기업이 경영 환경적으로 불안정한 경우가 있어서 신입사원 혹은 경력사원들을 위한 온보딩 과정이 너무 짧거나 아예 진행되지 않는 일도 있다. 신입사원 퇴사율이 입사 후, 3개월, 6개월, 1년 미만에서 가장 많은 분포되어 있다는 것은 대부분, 온보딩 과정이 제대로 작동되지 않았기 때문이다. 표면적으로는 온보딩 과정보다는 다른 이유가 크지만, 결국 HR 부서에서 실행하는 온보딩 과정을 통해 조직을 명확히 이해하고, 다른 구성원들과 소통할 수 있도록 돕지 못한다면 조직에서 첫 경험은 아무것도 남기지 않게 되는 것이다.

개인적으로는 입사 후 정기적인 프로세스를 통해 1년 정도의 온보딩 과정은 조직에서 고려하는 것이 좋을 것으로 보인다.

발전(Development)

사람은 기본적으로 성장의 욕구가 있고, 조직에서 개인의 역량 개발과 일을 통해 성과를 내는 것을 원하고 즐거워한다.

사내에서 해당 구성원의 역량에 맞는 업무를 맡기고 구성원의 스스로 학습하고 성장할 수 있는 여건과 프로세스를 만들어 주는 것은 무조건 필요하며, 그러한 학습의 기회와 더불어 내부적으로나 외부적으로 학습 커뮤니티를 형성할 수 있는 문화를 만들어 주는 것이 HR 부서의 가장 큰 역할 중 하나라고 생각한다.

여기에는 승진과 보상도 포함이 되는데, 합리적이고 공정한 성과평가와 보상이 같이 따라주지 않는다면 구성원이 조직에서 발전하는 경험은 성공적인 경험이 될 수 없을 것이다.

유지(Retention)

여전히 지금도 조직문화 관점에서 강력하게 작동하는 조직에서의 안전감이 있다. 유지 단계에서 HR 부서에서 제공할 수 있는 가장 근본적인 개념이며, 이는 해당 기업의 조직문화가 상당 부분 고도화되었을 경우 자연스럽게 형성될 가능성이 크다. 구성원이 해당 조직에 대한 행복감과 로열티가 생성되는 단계이고, 본인의 역량과 영향력을 극대화할 수 있는 단계이다.

이러한 긍정적인 경험은 자신을 비롯한 다른 직원들에게도 긍정적인 영향이 자연스럽게 전파가 되며, 그러한 개인은 리더로서 성장할 기회로 접어든다.

이를 위해 HR 부서에서는 회사의 비전과 비즈니스적 방향성을 구성원과 충분히 공유하고, 구성원의 의견을 수렴해서 조직문화나 회사의 전략적 아젠다로 이어질 수 있는 투명하고 원활한 소통 문화를 구축할 필요가 있다.

분리(Separation)

직원 경험의 시작점이 만남, 즉 채용 단계라고 한다면 직원 경험이 끝나는 시점도 존재한다. 직원의 퇴사와 이직 등으로 해당 회사에서의 직원 경험은 마무리되지만, 직원 생애주기 상의 사이클은 여전히 작동된다.

온보딩과 다른 오프보딩에 대해 많은 HR 부서에서의 관심은 부족한 편이나, 퇴사 시점에 HR 부서에서 제공하는 재교육이나 은퇴 교육 그리고 면담 등을 통해 HR 부서와 직원 간의 추가적인 경험을 서로가 제공하게 되고, 이는 기업의 퇴직률과 안정적인 인재 확보에 긍정적인 도움을 줄 것이다.

이렇게 직원의 생애주기는 다시 생명력을 얻고, 해당 기업과 새로운 구성원들이 더 나은 조직문화를 경험하고 만들어가는 프로세스로서 작동하게 된다.

직원 경험을 만들어가는 과정은 세상에 존재하는 기업의 수만큼이나 다양할 것이다. 하지만 생애주기 각 단계에서 해당 기업이 집중해야 하는 요소부터 구성원과 소통을 통해 하나씩 만들어서 나간다면 머지않은 미래에 완성된 고리로서 직원 경험은 작동할 것이다.

《직원경험(도상오 옮김, 이담북스, 2020)》을 쓴 제이콥 모건(Jacob Morgan)은 직원 경험을 구성하는 요소로 문화, 기술, 물리적 환경 이렇게 3가지를 들었다. 조직문화는 직원 경험을 결정하는 절대적인 요소이며, 직원들이 경험하면 조직문화는 생명력을 얻게 된다.

이제부터 구성원에게 우리 조직만의 진짜 경험을 주기 위해 노력해야 하겠다.

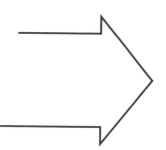

진정성 있는 조직문화를 위한 핵심

난 ○○에 진심이야

최근에 몇 년 동안 사회적 거리두기가 지속되면서 실내에서 할 수 있는 활동들이 많이 사라지고, 실외 활동에는 그나마 어느 정도의 제한이 없어서 많은 이들이 실외 스포츠를 즐기는 경향들이 생겨났다.

주변에 '골린이'들이 많이 생겨난 이유도 그런 이유에서 한몫한다. 한때 TV에 나오는 대부분의 방송 채널에서 트로트 경연 프로그램들이 진행되었던 것처럼, 골프 채널이 아닌 일반 예능 프로그램에서 많은 골프 예능들이 생겨났다.

유튜브 채널에도 골프 관련 콘텐츠 하나만 올려도 구독자 수와 조회 수가 몇만을 훌쩍 넘기는 것이 요즘 시대인 것 같다. 예전에는 골프가 대중적인 이미지의 스포츠가 아니었음에도 어느 순간 대중 속으로 들어온 것이다. 골프장 외에도 스크린 골프장도 많이 생겨났고, 그만큼 골프에 대한 인프라나 정보, 그리고 접근성 등이 예전에 비해 좋아지다 보니 이제는 골프를 시작하지 않은 사람들이 특이하게 보일 정도니, 우리나라가 얼마나 이 트렌드에 민감하게 반응했는지 알 수 있다.

　모두가 다 골프만 좋아한 것은 아니었다. 조금은 다른 성향을 지닌 사람들은 테린이(테니스)가 되기도 하고, 헬린이(헬스)가 되기도 하고, 등린이(등산)가 되기도 한다. 각자의 관심사는 다르긴 하지만 저마다의 이유로 여러 가지 다양한 활동들이 우리 주변의 새로운 일상으로 나타나고 있다.

　종종 골프장, 테니스장, 헬스장, 전국에 있는 산 정상에서 사진이나 영상을 찍는 것이 주 목적인 인플루언서들도 있지만, 대부분은 운동에 진심인 사람들이다. 실제로 이 외에도 마라톤, 자전거 등 야외 활동을 목적으로 하는 동호회와 이런 커뮤니티에 쉽게 접근할 수 있는 어플들도 엄청난 인기를 끌고 있다.

　어떤 것에 광적으로 집착하고 열정과 흥미를 보이는 사람을 '덕후'라고 표현한다. 일본어 '오타쿠'에서 유래된 말로 처음에는 부정적이고, 비하하는 표현으로 쓰였지만, 최근 들어서 '덕후'라는 표현은 어딘가에 진심인 사람을 뜻하는 긍정적인 뉘앙스도 같이 풍기는 것 같다.

　예를 들어 '나는 딸기에 진심인 편'이라고 본인 스스로 말을 한다면 딸기 뷔페나 딸기 디저트 맛집을 매주 찾아다니기 바쁜 그런 사람일 것이다. 또한 회사의 제품이나 브랜드 광고에 '○○에 진심인 사람들'이라는 문구를 넣었다면, 실제로 잘 알지 못하는 제품이라도 '이걸 만든 사람들이 정말 열정적으로 만들었겠구나'라는 이미지를 그릴 수도 있다.

'참되고 변하지 않는 마음', '마음을 다함'이라는 뜻의 '진심'은 그럴 때 사용된다.

▌ 진정성의 요소들

"저 사람의 말에는 진심이 느껴져", "그는 진정성이 있는 사람이야"라고 누군가가 말을 한다면, 상당히 신뢰감을 주는 사람일 것이다.

진정성은 원래 국어사전에 없던 단어였는데, '진정'이라는 단어에 '성'이라는 접미사가 붙은 것이다. 그래서 진정, 진심에 대한 의미에 '성질'을 추가한 개념이라고 볼 수 있다. 지금은 일반적으로 진정성이라고 하면 '진실하고 참된 성질'이란 뜻으로 통용되고 있다. 앞서 얘기한 진심과 거의 유사한 용어로 사용되는 진정성은 조직문화에서 가장 핵심적인 성질 중의 하나이다. 구성원이 어떻게 조직문화를 인식하는지가 조직문화의 성공 여부를 좌지우지할 것인데, 진정성이 있는 조직문화는 반드시 성공한다. 구성원이 느끼는 진정성에 대한 요소들이 어디에 있는지 지금부터 좀 더 나눠보려고 한다.

진정성은 2000년대 들어서면서 전 세계적인 금융위기와 믿을 수 있다고 생각했던 엔론(Enron)이나 월드컴(WorldCom) 등의 기업들에서 윤리 경영 이슈가 터지면서 글로벌 경영 전반의 화두로 떠올랐던 용어이다. 지금까지 진정성을 정의하는 글 등을 보면 매우 다양한 개념들이 존재한다. 학자들이 보는 관점에 따라 해석하는 것도 다를 수 있지만, 진정성이 있다고 얘기하는 것에 본질적으로 포함되는 몇 가지가 있다.

공감과 신뢰

영화를 좋아하는 사람이라면 〈아바타〉라는 제임스 카메론 감독의 작품을 기억할 것이다. 앞으로도 여러 후속작이 나온다고 하니, 영화 〈아바타〉 속에 등장하는 여러 에피소드나 인물들에 대한 정보들은 계속 이슈가 될지도 모르겠다. 그 영화에 나오는 유명한 대사가 있다. "I see you." '나는 당신을 봅니다'라고 해석되는 이 대사는 해당 영화에서 상당히 상징적인 의미를 지닌다. 이 영화에 나오는 나비족의 인사가 "I see you."인데, 실제로는 상대방과의 공감, 교감, 신뢰의 의미를 포괄하는 문장이다.

진정성이 주는 가장 큰 효과는 '신뢰'이다. 신뢰를 형성하기 위해 선행되어야 하는 것이 '공감'이라고 할 수 있을 것이다. 진정성(Authenticity)이라는 단어의 어원에는 그리스 철학에서 유래된 '너 자신 그대로(to thine own self be true)와 소크라테스가 말했다고 알려진 '너 자신을 알라'라는 개념이 포함되어 있다. 진정성은 상대방과 공감하기 위해 앞서 자기 자신을 명확하게 인식하고 다른 사람과의 관계 속에서 본인을 먼저 투명하게 보여 줄 수 있어야 한다. 그래야 상대방도 본인을 신뢰할 수 있는 것이다.

공감은 우리가 유튜브 방송이나 강연 프로그램에서 듣고 배운 몇 가지 스킬로 하는 척하는 공감이 아니다. 진짜 공감은 나를 먼저 보여 줄 수 있어야 하는 것이다.

많은 기업이 최근 ESG경영이 화두가 되면서 나름대로 ESG경영을 잘하고 있다고 홍보하고, 공식적인 인증을 받기 위해 노력하고 있다. 한국ESG기준원(KCGS) 기준으로 ESG평가 A+를 기록한 회사들은 여러 언론 매체들을 통해 실제로 ESG경영을 우수하게 잘 실천하고 있음을 보여 주고 있다.

고객들은 그런 기업의 정보들을 보면서 '해당 기업이 환경과 사회, 지배구조에 있어서 지속적인 개선과 노력을 많이 하고 있구나'라고 생각할 것이다.

실제로 ESG 관련 각종 지표를 관리해 보거나 컨설팅에 참여해 본 사람이라면 얼마나 다양한 분야와 유관부서들과 협업해야 하고, 회사에 있는 전체 임직원들이 어떤 노력을 해야 하는지 알 수 있을 것이다.

제대로 ESG경영을 하려고 마음먹은 회사들이 회사에 ESG 전담 부서를 두는 이유이기도 하다. ESG경영의 실태와 보고서는 실제로 반기별, 혹은 매년 회사에서 회사 홈페이지 등에 공지가 된다. 예전에는 고객들이 회사의 재무제표 정도로만 기업경영의 실제 데이터로 볼 수 있었지만, 이제는 ESG경영 보고서를 통해 해당 기업이 어떤 경영활동을 하고 있는지 더욱더 다양한 정보를 알 수 있는 것이다.

ESG경영이 가진 한계성이라던가 부정적인 시각도 분명히 존재하지만, 기업이 환경, 사회, 지배구조 측면에서 그들이 활동하고 있는 다양한 면을 투명하게 공개한다는 것만으로도 고객들에게는 충분히 신뢰를 줄 수 있는 요소이며, 고객들은 이를 통해 해당 기업에 투자도 하고, 제품을 구매하는 등의 활동을 이어가게 된다.

조직문화에서도 마찬가지이다. 우리가 외부 고객에게 ESG경영 관련 지표들을 보고서로 혹은 여러 가지 매체들을 통해 투명하게 공개하는 것이 고객과 공감하는 하나의 요소라고 본다면, 조직 내에서도 구성원과의 공감은 경영진의 전략 방침과 회사의 정보를 투명하게 공개하는 것에서 시작할 수 있을 것이다.

최근 회사에 다니는 직장인들은 이제 더 이상 회사에서 하라고 하는 업무 지시나 예전 방식대로만 일하고 싶어하지 않는다. 그러한 기존 업무 방식을 고수하는 회사라면, 한때 유행했던 '열정페이'라는 부정적인 단어가 재등장하거나 '받은 만큼만 일한다'라는 '조용한 사직'의 구성원만 더 늘어날 뿐이다.

고객들이 그 회사를 믿고 투자와 구매를 하는 것처럼, 구성원이 조직에 대한 공감과 신뢰가 형성되면 이들은 회사에 대한 '심리적 안전감'을 얻게 되고, 그로 인해 더욱더 업무에 몰입하게 되며 더 오랫동안 회사에서 성과를 창출하게 된다.

구글이 2012년부터 2016년까지 진행했던 '아리스토텔레스 프로젝트'는 아주 유명한 사례이다. 이를 통해 유독 더 탁월한 성과를 나타내는 팀과 조직은 어떠한 특성이 있는지를 꼽았는데, 그 중 '심리적 안전감'이 모든 것의 가장 기본적인 요소로 작동하는 것을 알 수 있었다.

　기본적으로 구성원들이 조직을 신뢰하지 못하면, 가장 먼저 하는 심리적, 행동적 활동은 '침묵'이다. 그리고 '방어기재'가 발동하게 되며, 모든 일에 긍정적이기 보다는 부정적으로 접근하거나, 최소한의 업무만 수행하게 된다.

　국내 핀테크 회사 토스가 매우 강조했던 문화 중, 조직 내에 있는 거의 모든 경영지표를 내부 직원들에게 실시간으로 투명하게 공유하고, CEO가 직접 구성원 한 명, 한 명과 상시 미팅을 통해 회사 내 주요 이슈들을 설명하는 등의 노력은 구성원들이 조직에 대한 신뢰를 극대화하고, 이를 통해 모든 구성원을 자연스럽게 기업경영의 일원으로서 동참하게 했다고 생각한다. 실제 토스에서 일하는 직원들을 보고 있으면 자신의 업무를 하면서 스스로 동기부여와 열정을 쏟아 임하는 것을 쉽게 확인할 수 있다.

　미국에 애니메이션 회사 픽사(Pixar)는 구성원이 창의적인 아이디어를 내고, 비판적인 사고를 할 수 있는 조직문화를 만들기 위해 많은 노력을 하였는데, 픽사의 CEO는 자신들 성공의 핵심이 '솔직함'이라고 하였다. 솔직함은 단순히 개인적인 성향만으로 발현되는 것은 아니고, '내가 이런 말을 하더라도 공감하고, 경청해 줄 것'이라는 구성원 간의 신뢰가 형성되어야 할 것이며 이는 조직 전반에 그러한 신뢰를 기반으로 '합리적인 비판'도 수용할 수 있는 문화가 있어야 하는 것이다.

　이러한 조직문화를 만들기 위해 HR 부서와 조직문화 담당자들은 구성원과 끊임없는 소통을 통해 그들의 목소리를 진심으로 들으려고 노력해야 하며, 진심으로 그들의 마음에 공감하려고 노력해야 한다.

공감은 구성원의 신뢰를 얻고, 조직문화의 진정성을 높여 주는 첫 단추이다.

다만 진심을 담은 공감과 신뢰는 이제부터 시작이다.

▌ 일관된 모습과 행동

이제 공감과 신뢰를 위한 활동들을 했다면 이것이 작동되도록 해야 할 것이다. 아무리 조직문화 담당자들이 좋은 의도가 있더라도 말로만 그친다면 아무짝에도 쓸모가 없다. 어렵게 만들어 놓은 공감과 신뢰는 그것이 작동되지 않는 순간 오히려 더 부정적인 요소로 전락하기 쉽다.

먼저 처음부터 너무 완벽한 그림을 그려서 A부터 Z까지 다 짜 맞춘 완성된 퍼즐로 시작하기보다는 우선순위를 두고 하나씩 하나씩 풀어가야 한다. 주변에서 조직문화 활동을 시작하는 시점에 큰 그림을 그리려다 1년, 2년이 그냥 지나가는 경우도 종종 본다. 결국 아무 성과 없이 회사가 추구하는 방향이 그사이에 변화가 있으면, 그동안 준비했던 내용들은 무용지물이 되기 십상이다. 그래서 그 시작점을 어떻게 잡을지가 상당히 중요하다.

그렇다고 해서 너무 급하게 뭔가 보여 주기 위한 조직문화 활동이 되어서는 안 된다. 어렵게 구성원들과 교감을 통해 얻은 니즈들을 잘 반영하여 만든 조직문화 프로그램이 생명력을 얻기 위해서는 조직문화 프로그램이 이벤트가 되어서는 안 된다.

그래서 가장 먼저 고려해야 하는 회사의 비전과 핵심 가치와 같은 가치체계 요소를 정립하는 것이다. 모든 회사는 회사의 비전과 핵심 가치가 있다. 이를 활용한 조직문화는 자연스럽게 구성원 전체에게 공감을 얻고, 구성원이 평소 생각하고 행동하는 방향성과 어느 정도 일치하며 경영진의 추구하는 경영 철학에도 맞아떨어진다.

다만 문제는 지금 있는 가치체계가 제대로 되어 작동되는 비전과 핵심 가치냐는 것이다.

조직에서 이런 가치체계를 한 번씩 재정립하는 시점들이 종종 찾아오는데, 스타트업의 경우도 마찬가지지만 본인의 회사에 큰 변화가 생겼거나 생길 예정일 경우가 대부분이다.

갑자기 조직이 통폐합되면서 커지거나 혹은 사업이 크게 확장되는 일도 있을 것이고, 그 반대로 주력 사업이 크게 턴어라운드를 맞이하거나, 사업 포트폴리오를 수정해야 하는 일도 있을 것이다.

주변에 많은 회사를 보면 실제 이런 경우가 발생하면 큰 변화가 필요하기에 회사의 가치체계를 재정립해야 한다는 당위성을 잘 알고 있다. 오히려 큰 변화가 없이 사업을 영위하고 있는 경우가 문제다. 큰 변화가 없다는 것은 큰 어려움도 없다는 이유일 수도 있고, 그런 회사일수록 창업 초기에 만들어 놓았던 기업의 비전과 핵심 가치는 액자 속이나 회사 홈페이지에만 존재하는 그럴듯한 가치체계로만 존재할 가능성이 크다.

회사의 가치체계는 구성원들이 어떤 방향으로 의사결정하고 어떻게 일해야 하는지의 기준이 되는 것은 모두가 알고 있을 것이다.

지금까지 가치체계의 중요성에 관해 얘기하고 있는 이유는 바로 조직문화도 제대로 된 가치체계에 기반하여 모든 활동들을 전개해야 하기 때문이다. 앞서서 가치체계를 정립하는 방법과 툴은 설명하였지만, 이제 앞으로 조직문화 담당자라면 우리의 '컬처덱(Culture Deck)'을 만들어 구성원과 소통하고 우리 조직문화의 방향성을 제시할 수 있어야 한다.

컬처덱은 기업의 조직문화를 문서로 만든 자료라고 할 수 있다. 어떤 기업은 책자로 만들기도 하고, 구성원을 위한 굿즈 형태로 개발하여 배포하기도 한다. 실제로 최근 사회적으로 조직문화에 관심이 높아지면서 기존 대기업들도 마찬가지지만, 스타트업도 컬처덱을 만들어 발표하는 것을 자주 목격할 수 있다. 중견기업이나 대기업들은 업무 혁신과 일하는 방식의 변화로서 컬처덱을 사용하는 경우가 더 많다고 한다면, 스타트업들은 자신들의 회사를 더 긍정적으로 알리고 자신들의 추구하는 조직문화에 알맞은 인재들을 제대로 채용하는 방법으로써 활용하는 측면이 더 강한 것으로 보인다.

컬처덱에는 일반적으로 그 회사가 가진 핵심 가치와 일하는 방식이 담겨 있다. 2009년 넷플릭스가 만들어 공개한 컬처덱이 익히 알려진 첫 사례로 보고 있다. 실리콘밸리의 특성과 DT 시대에 일하는 방식에 대한 자신들만의 고민과 철학을 반영하였고, '자유와 책임'이 핵심 키워드이다. 스스로 전문적이고 개방적인 조직문화를 추구하지만, 개인에게 엄격한 원칙과 도덕적 책임을 강조하는 내용으로 채워져 있다.

넷플릭스의 컬처덱을 예로 들었지만, 우리 조직만의 컬처를 내부 구성원들과 외부 고객들에게 알기 쉬우면서 핵심적인 메시지로 전달할 수 있어야 하며, 이를 기반으로 조직문화 프로그램과 제도 등을 만들어 나간다면 그 누구도 이를 실행하지 않을 수 없으며 해당 프로그램에 동참하지 않을 수 없게 된다.

조직문화 차원에서 이러한 가치체계를 먼저 탄탄하게 만들어 놓지 않으면 내외부적으로 약간의 문제가 생길 때마다 조직문화의 방향성이 흔들리게 되고, 실행력도 매우 감소하는 것은 당연한 일이다.

회사의 조직문화가 구성원에게 진정성 있게 다가가기 위해서는 먼저 이러한 명확한 가치체계 안에서 충분히 구성원과 공감대를 형성하여야 한다. 그리고, 그러한 조직문화는 구성원의 자발적인 참여와 경험을 통해 조직이 원하는 방향과 일치하여 올바르게 작동하게 될 것이다.

> If you want to build a ship,
> don't drum up the people to gather wood,
> divide the work, and give orders.
> Instead, teach them to yearn for the vast and endless sea.
>
> — 넷플릭스 홈페이지 〈어린 왕자(The Little Prince)〉 중 발췌

그런 의미에서 넷플릭스가 그들의 조직문화를 설명하고, 마지막

에 '생텍쥐페리'의 어린 왕자 중 일부를 '넷플릭스의 길잡이'로 소개한 부분은 상당히 인상 깊다.

┃ 기다림과
┃ 지속성

조직문화가 제대로 작동하기 위해서는 먼저 구성원의 마음과 생각을 읽을 줄 알아야 한다. 그것이 진심을 담은 공감과 경청이다. 그리고 준비한 조직문화를 실행으로 옮기기 위해서는 회사가 가진 가치체계를 활용하고, 이것이 제대로 된 가치체계로서 생명력을 얻으려면 조직문화 차원에서 컬쳐덱과 같은 구성원들이 이해하기 쉬운 도구로 영양분을 제공하면 된다.

우리 삶이 그러하듯 회사 일도 일반적으로는 이런 작업이 순조롭지만은 않다. 여러 이해관계자가 회사에는 존재하며 그들이 가진 생각과 철학들이 제각각일 경우가 다반사이다. 그러다 보니 어렵게 만든 조직문화가 자리 잡기 위해서는 조직의 최고 경영자의 생각과 의지가 절대적이다.

최근 읽은 조직문화 전문가 한 분의 책에 내용을 간단히 인용해 보면 '조직문화는 탑다운이어야 하지, 절대로 바텀업이 될 수 없다. 바텀업이 되면 그건 혁명이다'라고 할 정도로 힘든 과정이 된다.

실제로 그렇다. 대표이사가 자주 교체되는 환경에 놓여 있는 조직문화 담당자라면 조직문화의 방향성이 일관성이 유지되기도 힘들고, 조직문화가 정착하기까지 기다려주지 못할 수도 있다. 상대적으로 스타트업의 경우는 사업의 성장과 회사의 규모에 따라 세부

정책이나 내용들은 변화 요소가 많을 수 있지만, 최고 경영자의 의지와 철학이 지속적으로 조직문화에 영향을 끼칠 가능성이 더 크기에 빠르게 해당 조직의 조직문화가 정착할 가능성이 커진다.

결국 지금까지 얘기한 조직문화는 어느 정도의 시간이 필요하다. 새로운 조직문화 혹은 개선해 가는 중인 조직문화도 조직에 충분히 녹아들 수 있는 절대적인 시간이 존재한다. 모두가 알다시피 하루아침에 뚝딱 조직문화가 만들어지지 않기 때문이다. 조직문화만큼은 장기적 관점에서 끈기 있게 끌고 갈 수 있는 의지를 경영진과 조직문화 담당자가 가져야 할 핵심 역량이라 할 수 있겠다.

그리고 적절한 시기에 적절한 조직문화 활동들도 매우 중요하다. 구성원이 원하고 필요한 시점에 작동이 되는 솔루션이 조직 내 지지부진한 의사결정 구조 등으로 더디게 작동되면 오히려 안 하는 것보다 못한 조직문화가 전개된다. 그 회사의 조직문화는 빠르게 실행하고 구성원에게 그 피드백을 받아 또 새롭게 개선하고 구성해 가는 과정이 구성원에게 더 진정성 있게 다가갈 것이다.

사실 조직문화를 담당하고 있는 많은 실무자가 가장 몹시 어려워하는 점이 이 부분들이다.

'누구는 이걸 계속하고 싶지 않아서 못하냐?'

실제로 그러하다. 미리 계획하고 준비했는데, 여러 가지 경영 환경상 다음으로 미루거나, 실행되지 못하는 경우도 상당히 많다.

지난 코로나 팬데믹 상황 때 그런 경험을 한꺼번에 접할 수 있었을 것이다. 조직 내 변화도 크고, 외부 환경의 불확실성도 큰 상황에서 많은 인사 및 조직문화 담당자들이 무기력감을 느꼈을 수도 있다.

그런데도 새롭게 도전하고 일하는 방식을 유연하게 적용하며 조직문화의 체질을 개선한 회사의 사례를 많이 접하게 된다.

이런 혼란스러운 상황에서도 자신들만의 하이브리드 워크 환경을 구축하거나 주 4일제 등 유연 근무제를 계속 시도하거나 비대면 상황에서도 지속적인 협업과 커뮤니케이션을 할 수 있을 수 있도록 노력했던 구글, 배민, 야놀자 등의 사례들을 보면서 그냥 '저들은 원래 DNA가 그런 회사야'라고 하기에는, 그곳 최고 경영진들의 강력한 의지와 철학에 조직문화가 계속 유지가 되었기에 가능한 부분이었다.

새로운 변화와 시도들이 무조건 긍정적인 것은 아니다. 잘하고 있는 문화는 계속 유지하고, 개선해야 하는 부분은 해당 과정을 계속 구성원과 소통을 통해 반영하는 것이 중요하다. 그래야 실패하더라도 구성원으로부터 동의를 얻을 수 있고, 또 다른 변화에 직원들이 적극적으로 동참하고 회사가 나아가는 조직문화라는 여정에 함께 하는 것이다.

조직문화는 시간이 필요하다. 그리고 그 기다림과 지속성을 만들어 주는 것은 1차적으로는 최고 경영진과 리더의 역할이고, 조직문화 담당자는 경영진의 관심을 지속적으로 끌어낼 수 있도록 경영진의 전략적 파트너로서 역량을 키우고 끈기를 갖고 업무를 수행해야 한다.

조직문화의 성공 요소에는 정말 많은 것들이 있지만, 실제 업무를 해 오고 있는 상태에서 놓치면 안되는 몇 가지를 정리해 보았다.

구성원과 충분히 공감한 조직문화가 되어야 하며, 그 조직문화가 힘을 얻으려면 그 조직의 핵심 가치가 반영되어야 하며, 최고 경영자의 관심과 조직문화 담당자의 끈기가 적절한 시기에 작동이 될 때, 조직문화는 진정성 있게 구성원들에게 살아 숨 쉬고, '찐' '리얼' 조직문화가 탄생하는 것이다.

진심을 담은 조직문화는 반드시 성공한다.

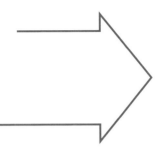

Only one
조직문화는
이것으로 만든다

█ 세상에 없는
우리만의 조직문화

　많은 조직문화 담당자가 처음 조직문화에 대한 일을 맡게 되면 가장 먼저 하는 일이 다른 회사의 사례들을 찾아보는 것이다. 조직 문화와 관련된 많은 강연과 도서, 그리고 여러 아티클에 있는 사례들을 보면서 조직문화 활동에 여러 가지 정보를 얻는다. 그리고 우리 회사와의 접점을 찾아본다. 우리 회사와 비슷한 기업문화를 가진 곳이 어딘가? 동종업계 혹은 기업의 규모가 비슷한 회사를 먼저 찾아보고 그들을 벤치마킹해 보려고 한다.

　벤치마킹은 처음 조직문화를 시작하는 실무자에게는 꽤 도움이 되는 작업이기 때문에 그 부분이 잘못되거나 하는 건 아니다. 그러면서 우리 회사랑 잘 매칭되는 조직문화 활동을 전개할 수도 있고, 이를 통해 우리 조직문화에 진짜 필요한 것이 무엇인지 더 깊이 알 수 있게 되기도 한다.

시작은 그렇더라도 항상 뒤에 가면 '우리만의 조직문화를 찾아야 하는구나'로 귀결된다.

그렇다. 결국은 조직문화에는 정답이 없는 것이다. 모든 사람이 정답을 찾기 위해 조직문화와 관련된 각종 자료를 보다 보면, 거기엔 답이 있기보다는 각각의 기업들이 처해 있는 환경과 비즈니스 방향에 따라 지속적으로 우리만의 일하는 방식을 찾아가는 것을 알 수 있다.

조직문화는 한번 하고 끝나는 것이 아니라, 살아 있는 유기체이다. 살아 있는 사람들이 만들어 가는 공간에서 만들어지는 것이고, 평소 생활하는 여러 가지 활동들과 모습 속에서 자연스레 발생하는 것이다. 그런 분위기가 더욱더 긍정적으로 생성될 수 있도록 환경을 조성해 주는 것 그것이 조직문화 활동이라고 할 수 있다.

그러니 매 순간을 폴라로이드로 찍어서 기념하는 이벤트로서의 활동이 아니고, 실시간 스트리밍되는 OTT 같은 조직문화가 되어야 하겠다.

좋은 조직문화는 구성원들이 계속 곱씹어 보고, 하나하나 뜯어서 구성원의 말과 행동, 일하는 방식을 통해 여러 형태의 모습으로 정착되게 되어 있다.

영국의 리버풀FC의 감독이었던 빌 샹클리(Bill Shankly)가 한 축구 명언이 있다.

"폼은 일시적이지만, 클래스는 영원하다."

축구 선수의 경우 그날그날 컨디션에 따라 일시적으로 부진을 겪거나 슬럼프에 빠질 수도 있다. 다만 최고의 선수라면 그의 실력과 그가 이룬 업적은 변하지 않는다.

구성원에게 한번 녹아 들어간 조직문화는 가끔 기업의 경영 환경이 어려워 일시적으로 그것이 작동하지 않는 것처럼 보이지만, 다시 구성원을 통해 재생산되고 부활하게 된다. 왜냐하면 앞서 얘기한 것처럼 비록 눈에 보이지 않는 조직문화일지라도 유기체와 같이 그 조직의 구성원과 함께 존재하기 때문이다.

그렇게 조직문화는 우리 안에서 새롭게 힘을 얻고, 단편 시리즈로 종영되는 것이 아닌, 시즌 2, 시즌 3을 기다리는 구성원과 함께 오랫동안 회자되어 삶의 일부분이 되는 것이다.

그런데 그렇게 조직문화가 해당 기업과 Fit하게 처음부터 공생을 할 리가 없다. 회사마다 상황은 다르겠지만 모두가 많은 시행착오를 겪어가며 해당 기업이 추구하는 철학과 핵심 가치에 맞는 그들만의 방식을 찾아간다.

업의 본질에 집중

그렇다면 우리만의 조직문화를 만드는 방법은 어떤 것이 있을까?

우아한 형제들은 2015년 송파구에서 일 잘하는 방법 11가지를 발표했다. 자신들만의 일하는 문화를 11가지의 자기의 언어로 구현한 것이다.

그것으로 끝나지 않고 지속적으로 해당 내용을 업데이트해 나가고 있다. '그땐 이게 맞았지만, 지금은 좀 달라'라는 기본적인 개념을 통해 과거 완료형에 머무르는 일하는 방식이 아니라 현재진행형으로 만들어가고 있다. 조직문화와 일하는 방식은 그 시대의 사회적 요구와 흐름에도 맞닿아 있지만, 구성원이 조직에 바라는 니즈도 같이 존재한다.

그렇게 우아한 형제들은 구성원들의 자발적 참여로 만들어진 '우아한 일 문화 TF팀'을 통해 새로운 일하는 방식으로 거듭 태어나고 있다.

우리만의 조직문화를 만드는 방법은 의외로 단순한 것인지도 모른다. 먼저, 남의 것이 아닌 우리의 정체성을 찾는 것으로 시작하면 된다.

우리 조직은 어떠한 비즈니스를 하고 있는가?
우리 조직은 어떠한 철학과 가치관을 따르고 있는가?
우리 구성원들은 어떠한 사람들인가?

우리가 누구인지 알았으면, 이제 그것을 구성원의 언어와 생각으로 만들어 나가야 한다. 구성원이 참여해서 만들어 나가는 조직문화는 구성원의 경험을 통해 남의 것이 아닌 우리의 것으로 받아들여질 수밖에 없다.

일반적으로 이미 이느 정도의 조직문화가 뿌리 깊게 형성되어 있는 대기업에 비해 스타트업에서는 이런 시도가 빈번하게 이뤄지기가 수월하다. 어차피 스타트업에서는 서서히 직원들의 경험을 통해 형성되는 조직문화가 필요해서 남들이 안 해 본 시도를 우리만의 콘텐츠로 만들어 보기도 하고, 시도했다가 실패하더라도 우리는 '실패를 두려워하지 않는다'라는 생각으로 빠르게 새로운 시도를 하면 되기 때문이다. 그런 시행착오가 오히려 회사의 성장을 위한 밑거름이 될 뿐이지 발목을 잡거나 하지 않는다.

오히려 사업 초반에 겪는 시행착오가 빠르면 빠를수록 그 이후의 조직은 성장을 위해 앞으로 나아가기만 하면 될 일이다.

어떤 이들은 "오히려 스타트업이 다른 것보다 먼저 '생존'을 위해 치열하기 싸워야 하고, 그런 다음에 이것저것 다른 것들을 챙길 수 있는 것 아니냐?"라고 반문할 수 있다. 분명히 알아야 할 것은 조직문화는 단순히 기업을 보기 좋게 만드는 사치품이 아니다. 기업의 생존을 위해 반드시 처음부터 분명한 기업의 철학과 함께 구성원이 같이 만들어 나아가야 하는 필수품이다.

그렇게 만들어진 스타트업의 조직문화는 그 기업을 명품으로 만들 것이다. 누구나 따라 하고 표방하고 싶은 조직문화를 만드는 비결은 이렇게 두려워하지 않고 계속 도전하는 것에 있다고 하겠다. 최근 많은 최고의 기업들이 조직문화를 바라보는 시각은 이와 다르지 않다.

반면 상대적으로 잃을 것이 많은 곳은 대기업이다. 빠른 실행력과 창의적인 아이디어가 활발하게 나오는 조직문화를 형성하기 위해 애자일한 조직으로 변모를 꾀하거나 OKR과 같은 높은 수준의 성과관리 체계를 도입하더라도, 투여되는 비용과 시간, 구성원과의 공감 형성 등 쉽게 시도하기에는 고려해야 할 사항도 많고, 설득해야 하는 이해관계자도 많다.

그로 인해 새로운 제도 입안 후에 성공적으로 안착하지 못하게 되면 그 기회비용에 대한 책임에서도 자유로울 수 없는 구조이다.

모든 대기업이 그렇지는 않지만, 상당수는 그로 인해 조직문화 개선을 위한 활동이 어렵다. 본질은 다른 곳에 있는 줄 알면서도, 그 본질은 건드리지 못한 채로 겉핥기식의 그럴듯한 모양새만 갖춘 그저 그런 조직문화 활동으로 퇴보하고 만다.

어떤 기업이 '우리의 조직문화는 왜 작동하지 않는가?'라는 생각이 든다면, 대부분은 조직문화 혁신을 위한 근본을 건드리지 못해서이다.

그럼 대기업들의 그 근본적인 문제는 어디서 기인하는 것인가? 라고 한다면, 이미 형성되어 있는 조직문화를 바꾸기 어렵기 때문이다. 그 조직문화도 이미 기성세대들이 해당 기업을 대기업으로 만든 훌륭한 조직문화인 것이다.

시대적 흐름에 따른 고객과 구성원의 요구가 변화를 원하기 때문에 어쩔 수 없이 변화를 추구하는 것이지, 기존 조직문화가 근본적으로 무엇이 잘못인지는 되짚어 봐야 한다.

변화의 주체는
최고경영자

최근에는 많은 변화가 있기는 하지만, 전통적으로 오래된 제조업이나 공공기업 등에서 익히 알고 있는 폐쇄성이 짙은 보수적인 조직문화들이 종종 목격된다. 예를 들어 여전히 연공 서열과 줄 세우기식의 인사, 낙하산 인사 등이 존재하고, 투명하지 못한 성과평가는 풀지 못하는 숙제로만 남아 있다. MZ세대들과 열린 의사소통을 위해 노력한다고 하면서, 대표이사 간담회에는 미리 받은 질문을 사전검열을 한다던가, 회사 사내 망에 올라 온 익명의 VOC를 색출하라는 지시가 있는 조직도 존재한다.

어떤 기업들은 그런 조직문화에 안주하려고 한다. 그들의 사업에 큰 위기가 도래하지 않았기 때문에 변화를 감지하지 못하고 있는 안타까움도 있고, 본인 세대에서는 그냥 이렇게 큰 변화 없이 지나가기를 바라는 안빈낙도의 삶을 추구하는 경영자가 그 자리에 있는 일도 있다.

전통적인 기업일수록 이미 그들의 비즈니스 특성에 맞게 최대한 효율성을 낼 수 있도록 조직구성과 의사결정 시스템이 만들어져 있다 보니 변화를 통해 얻는 이점이 적다고 판단할 수도 있고, 변화에 관한 결과를 믿지 못하는 경우도 종종 발생한다. 그러다 보니 새로운 시도를 위한 기획안에는 타사 성공사례가 빠짐없이 등장하기도 한다.

이러한 것들이 새로운 조직문화를 만드는 것에 커다란 방어막과 같은 효과를 주고 있다. 그 안에서 안전하게 느껴질지 모르지만, 앞

으로 다가올 더 큰 위협에는 대응이 안 될 수도 있는 예전에 만들어
놓은 방어막 말이다.

대기업의 경우 해당 기업이 그룹 오너가의 영향을 받는 곳이라
면 이를 해결할 수 있는 근본적인 변화의 시작점은 그 오너가 되어
야 할 것이고, 상대적으로 전문경영인이나 대표이사의 영향력이 높
은 곳이라면 최고 경영자의 변화 의지가 상당히 강해야 가능하다.

사실 매번 그런 의지를 표명하더라도, 경영자 혼자의 힘으로 다
바꾸기 어렵다. 가장 위에서부터 변화해야 하는 것은 분명하되, 먼
저 최고 경영자가 솔선수범하여 변화를 주도하여야 한다.

1990년에서 2000년대 가장 큰 성장을 거둔 회사 중 하나인 마
이크로소프트는 2010년 전후로 많은 어려움을 겪었다.

마이크로소프트의 성과주의 문화는 내부 경쟁을 통해 끊임없는
혁신을 끌어냈고, 실제로 그들만의 가장 강력한 무기였다. 그러한
조직문화가 시간이 가면서, 오히려 서로를 불신하고 부서 간의 소통
이 완전히 사라지면서 갈등만 반복하고 있었다. 더 이상 글로벌 시
장에서 창의적인 활동을 이어가지 못하고 있었으며, 한때 글로벌 시
장에서 소프트웨어의 거대 공룡으로서 최고의 자리를 유지하던 마
이크로소프트는 그 시기에 모바일과 스마트폰 시장에서 이미 애플
과 구글, 삼성 등에 밀려나 있는 상태였고, 더 이상 예전의 영광을
찾을 수 없을 것만 같았다. 과거의 영광을 뒤로 하고 서서히 몰락의
길로 갈 것 같던 2014년, 마이크로소프트의 3대 CEO로 사티야 나
델라(Satya Nadella)가 취임하게 된다.

사티야 나델라의 강점은 그가 오랫동안 MS에서 근무했다는 것

이었다. 그래서 그 누구보다 MS의 문제를 잘 알고 있었고, 그의 진단은 바로 회사 전체가 'Complacent(현실에 안주하는, 자기 만족적인)'이었다. 갓 취임한 사티야 나델라의 경영 키워드를 하나 꼽으라면 'F5' 키보드 펑션키의 '새로고침'이다.

사티아 나델라는 기존 마이크로소프트에 모든 것을 뜯어고치기를 원했다. 철옹성 같았던 윈도우 OS 사업 중심에서 모든 비즈니스를 클라우드 플랫폼 비즈니스로 전환하고, 빠르게 해당 사업을 구조적으로 개선한 것은 유명한 사례이다. 또한 노키아 인수 등을 포기하는 등 어렵다고 판단한 휴대전화 사업은 접고, 세계 최대 채용 플랫폼 중 하나인 링크드인 등을 인수해서 마이크로소프트가 나아가야 할 변화를 과감하게 실행으로 옮긴 장본이기도 하다.

그러나 마이크로소프트의 진짜 문제는 바로 내부에 있었는데, 갈등, 불화, 사내 정치가 극에 달해 있었던 조직문화가 가장 큰 문제였다.

Manu Cornet, 마이크로소프트의 내부 조직 풍자

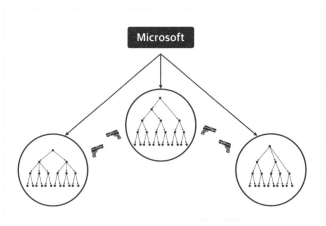

사티아 나델라는 CEO의 C가 회사의 문화, 바로 Culture의 약자이며, CEO가 직접 조직문화를 담당하는 큐레이터로서 역할을 해야 한다고 믿었고 실행으로 옮겼다. 그가 마이크로소프트의 조직문화 혁신을 위해 가장 먼저 시도한 것도 본인이 먼저 구성원과 '공감'하고 '소통'하는 것이었다. 이러한 변화를 위해서는 본인만 해서는 안 된다는 것을 알기에, 모든 임원에게도 기존의 커뮤니케이션 방식과 사고방식에 대한 변화를 주문했으며, 이를 위한 사업 전반의 고객 경험 전략에도 '공감'과 '협업'을 강조하였다.

첫째, 우리는 소비자에게 집중, 초심으로 소비자의 요구를 충족하는 솔루션을 제공

둘째, 우리는 적극적으로 다양성과 포용성을 추가하여 최고의 성과를 창출

셋째, 우리는 하나의 회사, 하나의 마이크로소프트

그가 조직문화 혁신 활동을 위해 구성원들에게 강조한 3가지이다. 그가 서로서로 불신하는 마이크로소프트를 어떻게 변화시켜야 할지에 대한 의미심장한 메시지가 간략하지만 강력하게 들어 있는 것을 확인할 수 있다.

그리고 기업의 조직문화 특히 대기업의 조직문화는 절대 말로만 변화가 되지 않는다. 먼저 근무환경을 그들이 추구하는 클라우드 기반의 협업 툴로 전환하고, 유연 근무와 자율 근무 제도 등으로 모든 구성원이 회사와 본인의 업무 스케줄 등의 정보까지 투명하게 공유할 수 있도록 하였다.

기존 부서 간 심각한 '사일로 문화'로 정보 공유가 사라지고, 많은 것들이 은폐되었던 일하는 문화에서 '자율과 개방'으로 바뀌게 된 것이다. 또한 마이크로소프트에서는 완전히 사라졌을 것 같던 협업의 문화를 그들만의 평가 제도 개선을 통해 만들어 내었다.

　먼저 상대평가를 없애고 절대평가로 직원평가를 개선하였으며, 실적 중심이 아닌 팀원 간의 영향력을 평가 기준에 반영하였다. 또한 본인의 업무 평가에 다른 이와 협업을 통해 성취한 내용을 서술형으로 기재하게 하여, 평가에서 자신의 성과뿐만 아니라 동료의 성과에도 얼마나 이바지했는지를 알 수 있게 만들었다. 이를 통해 의도적으로라도 구성원이 협업하지 않고는 더 이상 조직에 구성원으로 존재할 수 없는 문화를 만든 것이다.

　마이크로소프트의 사티야 나델라를 통해 변화한 마이크로소프트의 사례가 모든 것이 성공적이지는 않았을 것이다. 다만 기존의 대기업이 고질적으로 가진 수많은 검토와 오랜 고민으로 의사결정의 스피드가 둔화하고, 적절한 시점에 변화가 이뤄지지 않는 경우들을 사티야 나델라가 어떻게 해결할 수 있는지를 보여 주는 것만으로도 최고 경영진의 어떤 마인드를 가져야 하는지 알려 준다.

　결국 핵심은 최고 경영자의 의지이다. 그 변화의 의지가 얼마나 절실하고 강력한가에 따라 기업의 구성원은 변화에 동참하게 되고, 고객들에게 다시 사랑받는 기업이 되는 것이다.

"지구상의 모든 사람과 조직이 더 많은 것을 이룰 수 있도록 돕겠다."

(Empower every person and every organization on the planet to
 achieve more.)

마이크로소프트의 달라진 조직문화가 그들의 미션을 세상에 단하나뿐인 회사로 만들고 있다.

모두가 잘 알다시피, 조직문화가 기업 경영의 모든 문제를 해결할 수 있는 것은 아니다. 조직문화 또한 제대로 힘을 받으려면 최고경영자의 의지와 구성원들의 참여, 조직 내 제도적 개선 및 지속성 등 모든 것들이 같이 움직여 줘야만 한다.

다만 확실한 것은 조직문화가 빠진 솔루션은 구성원의 지지를 얻기도 어렵고, 기업의 지속 성장 또한 불가능하게 만든다는 것이다.

우리 조직에 필요한 인재들이 오랫동안 머무르며, 지속적인 몰입과 성과가 있기를 바라는가? 그렇다면 지금부터라도 우리만의 조직문화를 기업의 핵심 가치와 더불어 바르게 얼라인먼트(Alignment)하는 작업을 시작해 보자.